운을 부르는 외교관

30년 경험을 담은 리얼 외교 현장 교섭의 기술

운을 부르는 외교관

이원우
지음

글로세움

운을 부르는 교섭의 기술2

3장 상대방의 입장에서 생각하라

운을 부르는 교섭의 기술3

4장 논리적으로 대응하라

다윗은 어떻게
골리앗을 이겼을까?

동물의 세계에는 약육강식弱肉强食이라는 무서운 원칙이 존재한다. 사회적 동물이라는 인간의 세계도 비슷해서 보통 강적을 만나면 피하거나 순종하는 경우가 많다.

나는 회사생활도 해보고 공무원 사회에서도 근무해보았다. 세상 사람 사는 어느 곳에나 높고 낮음이 존재하고, 약자와 강자가 존재한다. 사람들도 지위가 낮거나 힘이 약할 경우에는 자신도 모르게 움츠러 들게 되고 살아남기 위해 하기 싫은 일을 감내해야 할 경우가 많은데 우리는 이것을 처세술이라고 포장하곤 한다.

강자라도 옳지 않은 일을 한다고 판단했을 때 이의를 제기하거나 자신이 옳다고 판단했던 행동을 밀어부치려면 불이익이 따르거나 심할 경우 엄청난 댓가를 치르기도 한다. 바로 내 인생이 그러했다. 어떻게 보면 일반적인 처세술과는 정반대로 행동했기 때문인지 내 삶은 때로는 엄청 피곤했고 가끔은 상당한 위험에 처해지기도 했다.

나이가 든 뒤 내가 이런 식으로 행동했던 이유를 곰곰이 생각해 보았는데 어릴 적 경험에서 얻게 된 영향 때문인 것 같다.

내가 태어났던 대구에서 초등학교 3학년 때 일이다. 나는 선생님의 권유로 〈소년한국일보〉 주최 전국어린이글짓기대회에 참가했다.

당시 우리 집에는 종교를 가진 사람이 아무도 없었지만 나는 5개의 선택부문에서 재미있다고 느껴졌던 '성서 이야기'를 골라 다윗에게 편지를 쓰는 형식으로 독후감을 썼다. 자신보다 크고 강한 골리앗을 무서워하지 않고 돌멩이 하나로 물리친 것에 크게 감동 받았던 모양이다.

나는 '성서 이야기' 부문에서 3등을 했는데 5개 부문 입상자들이 모두 4학년 이상이었고, 3학년은 내가 유일했다. 부모님과 함께 서울까지 가서 상을 받았던 그 조그만 사건이 그 후에 내가 골리앗들에게 겁 없이 덤비게 한 시발점이 되었던 것 같다.

초등학교 4학년 때 법관이었던 아버지가 서울로 전근하게 되어 가족이 모두 이사를 하게 되었다. 아버지는 워낙 가난한 집안에서 태어나 제대로 학교를 나오지 못한 탓에 학벌에 대해 한이 맺혔고, 아들인 나를 집안 사정은 아랑곳하지 않고 경기초등학교라는 비싼 사립학교로 전학시켰다.

나는 시골아이라고 깔보는 서울내기들에게 지기 싫어 열심히 공부하다 보니 5학년 때에 전교 1등을 하며 유명세를 탔고 6학년이 되면서 전교어린이회장에 당선되었다. 그런데 교장선생님은 가난한 집 아들인 내가 회장이 된 것이 못마땅했는지 임명장을 주지 않았다.

나는 5월 어느 날 전교어린이회의에서 이 문제를 제기했다.

"이미 실질적인 회장인데 그까짓 종이가 무슨 필요가 있느냐?"

이렇게 말씀하시던 교장선생님을 상대로 끝까지 뜻을 굽히지 않고 결국 임명장을 받아냈다. 교장선생님은 당시 선생님들도 그 앞에서 한마디도 못하던 절대 권력자였기에 나는 골리앗을 이긴 다윗이 된 것 같았다.

자신감을 얻은 나는 학교 개혁에 착수했다. 당시는 우리나라에 자동차가 별로 없을 때였지만 경기초등학교 아이들은 대부분 부잣집 자녀들이라 절반 이상이 자가용으로 통학했고, 일제 학용품을 사용했다.

나는 전교어린이회의에서 외제 학용품 사용 금지와 자동차 통학을 할 때는 다른 아이들의 눈에 띄지 않는 곳에서 내려 걸어오도록 하는 안을 발의해 통과시켰다. 이 결정에 따라 어린이들은 학교 주변 200m 밖에서 내려 걸어와야 한다는 규정이 만들어졌다.

또 규정은 만드는 것보다 지키는 것이 더 중요하다고 판단했다. 위반 사항이 밝혀질 경우 해당 어린이의 담임선생님이 항상 전교어린이회의에 참석하던 교장선생님 앞에서 그 이유를 실명하도록 만들었다. 이렇게 하여 나의 조그만 개혁은 기대 이상의 성과를 거두었다.

초등학교 때의 경험 덕에 자신감을 얻은 나는 1981년 대학교 4학년 말에 치른 행정고시 2차 시험 답안지에 막 출범한 전두환 정권을 비난하는 글을 쓰기도 하고, 데모하다 희생된 대학생들을 비웃는 교수에게 참된 지식인으로서 거듭날 것을 고하는 경고장을 보내기도 했다.

그러나 그 결과는 초등학교 때와 같은 해피엔딩이 아니라 참담한 패배였다. 행정고시에서는 보기 좋게 떨어졌고 학교에서는 퇴학 통보를 받았다. 공무원이나 한국의 대기업 취업도 포기해야만 했다. 겨우 적성에 맞지도 않는 외국인 회사에 몇 년 다니다가 그만둠으로써 친구들이 안정적인 사회생활에 안착하고 있을 때 나는 백수가 되어 내일에 대한 희망도 없이 절망감에 사로잡히게 되었다.

비로소 나는 다윗이 아무것도 없이 맨손으로 골리앗과 싸운다면 치명상을 입고 질 수밖에 없다는 중요한 사실을 깨닫게 되었다.

경기초등학교 시절에는 전교어린이회장이라는 무기가 있었기에 골리앗인 교장선생님과도 싸워 이겼고 사치스러운 학교 문화도 고칠 수 있었다는 것도 새삼 깨닫게 되었다.

천신만고 끝에 1988년 외무고시에 합격하여 외교관이 되었다. 하지만 나는 상명하복上命下服이라는 엄격한 규율에 묶인 공직사회라는 거대한 조직에서 한 명의 힘없는 공무원이라는 현실도 깨닫게 되었다. 나는 더 이상 골리앗에 대들 수 없게 되어 이제는 조용히 사는 수밖에 없겠구나 하는 체념 상태에 직면하게 되었다.

그러나 나는 외교관 생활을 하면서 외국인 회사에서 배웠던 '교섭기술'이라는 것이 강력한 무기가 될 수 있다는 것을 깨닫게 되었다. 그 신

무기는 새로운 골리앗들과의 싸움에서 다윗의 짱돌처럼 상당한 위력을 발휘했다.

덕분에 나는 외교관 생활을 하면서 크고 작은 승리를 거둘 수가 있었다. 누가 보아도 객관적인 전력상 절대적으로 불리했던 싸움에서 나는 교섭기술이라는 '다윗의 짱돌'을 활용하여 무너뜨리기 힘든 상대나 주변 사람들로부터 전폭적인 격려와 지원을 받아냄으로써 극적인 승리를 거둘 수 있었다.

그런데 이 짱돌이 위력을 발휘하기 위해서는 기본적인 배경이 있어야 했다. 바로 사람과의 관계였다.

나는 대학교 때 골리앗들과의 무모한 싸움에서 참패하여 사회적 약자로 전락하게 되면서 우리 사회에서 힘없는 사람들이 살아가는 모습들을 접하게 되었고 어두운 면도 알게 되었다. 특히 이를 통해 어릴 적 이해하지 못했던 아버지의 행동을 이해할 수가 있었다.

아버지는 생육신 이맹전의 직계후손이다. 생육신은 세조의 왕위 찬탈에 대한 항의로 벼슬을 버리고 초야에 묻혀 살았기에 그들의 후손은 극심한 가난에 시달릴 수밖에 없었다. 따라서 제대로 교육도 받지 못해 지난 500여 년 동안 거의 관직에 나가지 못했다.

역시 가난에 시달리던 아버지도 중학교밖에 다니지 못했으나 독학獨學으로 초등학교 교원자격 시험에 합격하여 교사가 되었다. 1950년 6월 25일 한국전쟁이 일어나자 입대했는데 훈련소 동기들이 대부분 전사했던 전장에서 운 좋게 살아남았다. 그렇지만 전쟁 기간 중 아버지는 당시 치사율이 매우 높던 폐결핵에 걸려 사경死境을 헤매게 되었다. 제대 후 다시 초등학교 교사로 근무하면서 조금씩 모은 돈으로 대구의 야간대학에 다녔던 아버지는 수중에 있던 얼마 되지 않은 돈으로 약을 살 것인가 아니면 고시를 준비할 책을 살 것인가를 심각하게 고민했다. 아버지는 어차피 약을 먹어도 낫기 힘든 병이니 기왕 죽을 거라면 공부나 실컷 해보고 원이나 없이 죽자며 책을 샀단다. 각혈을 심하게 하는 폐결핵 말기 환자였으나 고등고시 공부에 집중한 8개월 뒤 기적적으로 완치되었다.

아버지는 1957년 제8회 고등고시 사법과에 합격하여 판사가 되었다. 하지만 동기들 대부분 일류 중·고등학교와 대학교를 나왔고 고시도 일찍 합격한 데 비해 당신은 학벌도 초라하고 나이도 많아서인지 법원에서 외로움이 많았던 것 같다. 내 생각에 아버지처럼 혼자 힘으로 역경을 딛고 성공한 사람이 우리 사회에서 당연히 우대받아야 할 것 같은데 현실은 그렇지 못했다.

그래서였을까. 아버지는 죄수들을 볼 때도 늘 자신의 모습을 떠올렸는지도 모르겠다. 가난에 쪼들려 죄를 짓게 된 사람들을 볼 때면 남의 일로 생각하지 않았고, 마치 과거의 자신에게 스스로 벌을 주는 것이라며 괴로워하지 않았나 싶다.

지금 생각해 보면 젊었을 때 절망감 속에서 우리 시대 힘없는 민중들과 같은 처지를 경험하게 되면서 나도 아버지와 비슷한 길을 걸어왔던 것 같다.

외교관이 되어 다른 사람들이 기피하는 문제 사업들을 피하지 않았고, 외교부 직원들에게 별로 인기가 없는 영사를 자원하는 경우도 적지 않았다. 또한 내 주위에서 어려운 일을 당한 동료들과 힘이 없는 하급 직원들에게 조금이나마 도움이 되려고 노력했다.

정신없이 외교현장을 뛰어다녔던 지난 시절을 회상해 보면서 나는 성경에 나오는 '다윗과 골리앗' 얘기가 현실에서는 그대로 적용이 되지 않는 경우가 많다는 것을 깨닫게 되었다.

우선 약자를 괴롭히는 강한 골리앗 하나를 운 좋게 쓰러뜨렸다고 해도 계속 다른 골리앗들이 나타났다. 또 내가 던진 짱돌은 다윗처럼 한 번에 정확하게 명중시키지 못하고 빗나가서 오히려 골리앗에게 보복을 당해 치명상을 입는 경우가 많이 발생한다는 것도 알게 되었다. 교섭기술이라는 '다윗의 짱돌'로 골리앗을 이긴 경우도 적지는 않았지만 오히려 내가 더 큰 위험에 빠졌던 경우도 종종 발생했다.

외교관으로 지나온 30년이 넘는 시간을 돌이켜 볼 때 나는 여러 번 위급한 상황에 처했고 그때마다 운 좋게 살아남았다. 한마디로 나는 운이 억세게 좋았던 사람이기도 했다. 그렇나고 그 운이란 것이 그냥 오는 건 아니라는 사실도 안다.

우선 주변 사람들의 적극적인 도움이 절대적이었다. 이전에 나의 도움을 받았던 분들이 어느 순간 나를 돕는 다윗이 되어 내 곁에 서 있었다. 나는 이것이야말로 어릴 때 읽었던 '다윗과 골리앗'의 진정한 가르침이었다는 생각이 든다. 내 주위에서 불행한 일을 당한 이웃들을 위로

하고 도와주면 내가 골리앗과 싸우다가 쓰러졌을 때 그들이 새로운 다윗으로 나타나 골리앗을 물리쳐주고 나를 구해주는 것이다.

그다음 운을 따르게 해주었던 것은 나의 대책없는 적극성이었던 것 같다. 나는 남들이 하기 싫은 일, 하지 않으려 하는 일을 피하지 않고 부딪혔다. 가끔은 내 직을 걸기도 하고 빈털털이가 될 정도로 가진 모든 것을 걸기도 했다. 그래서였을까 벼랑 끝에 섰을 때 순간적인 능력이 발휘되고 누군가의 도움이나 운이 따라주었던 것이다.

마지막으로 나의 운은 내 주머니의 짱돌 즉 교섭기술이 아니었나 생각한다. 이것이 없었다면 나는 외교업무의 꽃이라고 할 현장 교섭을 제대로 해내지 못했을지도 모른다. 나는 이 짱돌을 늘 주머니에 넣고 만지작거리며 급한 순간에 써먹을 수 있도록 손에 익혔기 때문이다.

따라서 나는 이 책에서 내 주머니에 넣고 다니며 수시로 사용했던 짱돌, 즉 교섭기술이 무엇인지를 말해 보고자 한다. 또 그것을 사용하여 해결했던 사건들, 다른 사람들의 헌신적인 도움으로 위기에서 벗어날 수 있었던 경험들을 기록하고자 했다.

외교 현장이나 생활에서 내가 겪었던 것과 똑같은 사건들이 되풀이되지는 않겠지만 누구라도 예상하지 못한 위기의 상황에서 당황하지 않고 문제를 해결해나가는 데 조금이라도 도움이 되었으면 하는 마음이다. 특히 이것은 이론 수업이 아니라 생생한 현장 경험에 의한 것이라는 점에서 많은 도움이 되지 않을까 생각해본다.

운은 그냥 얻어지는 것이 아니다

1장

교섭의 현장,
외교관으로 서다

"아무 일도 하지 않더라도 죽음을 피하기
어렵다면 어찌 죽음에 이르기까지
투쟁해보지 않겠는가!"
그리스의 음유시인 호메로스가 말했다.

대학에서 진로를 생각하다

숨조차 제대로 쉴 수 없었던 고등학교의 입시지옥에서 벗어나 1978년 3월, 나는 꿈에 그리던 서울대학교 사회계열의 신입생이 되었다. 이제는 낭만적인 대학생활을 맘껏 즐겨야지 하는 들뜸도 잠깐 캠퍼스의 현실은 나의 설렘과는 동떨어진 냉혹한 현실에서 요동치고 있었다.

대학 캠퍼스에서는 연일 격렬한 유신 반대 데모가 일어났고, 경찰이 쏜 최루탄으로 눈을 제대로 뜰 수도 숨을 들이마실 수도 없었다.

고등학교 때까지 나는 박정희 대통령이 1960년 4·19의 극심한 혼란으로부터 나라를 구했고 경제개발을 통해 우리 민족을 가난에서 해방시킨 훌륭한 지도자라고 배웠다. 또 그렇게 믿고 있었다.

그런데 대한민국 최고의 지성인으로 평가 받는 서울대학교 학생들이 자신의 미래를 포기하고 감옥에 가는 것도 불사하며 그를 타도하기 위해 사실상 목숨을 걸고 투쟁하고 있었다.

나는 심각한 가치관의 혼란을 겪으며 괴로워했다. 이렇게 갈피를 못 잡고 허둥대던 어느 날, 나에게 엄청 중요한 사건이 터졌다.

수업을 마치고 학생회관 쪽으로 가다가 학생들이 우르르 교문 밖으로 몰려 나가는 것을 보고 호기심에 별 생각 없이 따라나섰다. 나는 장승배기까지 가서야 엄청난 규모의 전경들이 미리 진을 치고 기다리고 있는 것을 보았고 분위기가 심상치 않다는 것을 깨닫게 되었다.

그날 집회는 서울대 외부에서 열리는 최초의 대규모 유신 반대 집회였는데 정부와 경찰 측에서 매우 긴장하여 대규모 병력을 동원해 큰길 양쪽을 막아버린 것이었다.

집회가 시작되기도 전에 전경들이 학생들을 검거하기 시작했고, 학생들은 뿔뿔이 흩어져 도망치기 시작했다. 피할 곳은 양 길가의 가정집들뿐이었다. 시국이 시국이었던지라 기꺼이 문을 열어주는 집이 거의 없어 그날 집회에 참석했던 학생들의 대부분이 체포되었다.

나는 운 좋게도 마음씨 좋은 어느 아주머니가 자신의 집에 숨겨준 덕분에 잡혀가는 것을 면할 수가 있었다. 나중에 들은 얘기로는 그날 잡혀간 학생들은 단순 참가자라 하더라도 대부분 곧바로 최전방 부대로 끌려갔다고 한다.

순간 나는 마음의 준비가 전혀 되지 않은 상태에서 하마터면 가장 힘든 군부대로 배치될 뻔했던 나 자신이 너무 한심하다는 생각이 들었다. 정말 유신독재에 반대하여 한 몸을 희생할 각오가 되어 있었다면 모를까 아무 생각도 없이 어영부영 따라가다가 심각한 불이익을 당하는 것은 정말 바보나 하는 짓이라고 판단했다.

일단 나는 머릿속을 정리할 필요가 있었다. 박정희 대통령에게 어떤 평가를 내리는 것이 옳은지 곰곰이 생각하기 시작했다. 동시에 목숨을 걸고 반독재투쟁에 나서는 대학생들을 어떻게 평가해야 하며 이런 혼란의 시기에 나는 어떻게 해야 나중에 스스로 부끄럽지 않을 것인가에 대해서도 심각하게 고민했다. 결국 나는 앞으로 데모를 하려면 제대로 하든가, 그렇지 않으면 조용히 공부를 해야겠다고 결심했다.

그 와중에 2학년이 되었고 희망 학과를 정해야 했는데 그때까지도 나는 진로를 결정하지 못했다. 고등학교 때부터 외교관이 되고 싶기는 했다. 그러나 2대 독자였던 내가 외국으로 돌아다니면 부모님은 누가 모실까 하는 걱정과 고시 공부에 대한 자신감 부족으로 일단 부담이 적은 경영대로 갔다. 앞으로의 진로는 차근차근 생각해보기로 했다.

나만의 소극적 저항

경영대에 가서도 나는 무엇을 해야 할지 갈피를 못 잡고 우왕좌왕했다. 3학년 때 동기들이 행정고시 1차에 많이 응시하기에 나도 덩달아 준비했는데 운 좋게도 합격해 4학년 가을에 예정된 제25회 행정고시 2차 시험을 본격 준비하게 되었다.

그러는 사이에 정치적으로 큰 변화가 일어났다. 1979년 10월 26일, 박정희 대통령이 시해되었고 이어서 12·12 사태가 발생한 것이다. 이 듬해인 1980년 초에는 본격적인 민주화 운동이 일어나는가 싶더니 전두환 장군에 의한 신군부의 통치가 시작되었다.

전두환 대통령의 제5공화국이 출범했던 1981년 3월은 내가 4학년이 되었을 때였다. 정치적인 대격동기 속에서 수없이 생각하고 고민하면서 나는 비로소 외부의 영향을 받지 않고 어느 정도 주관적인 판단을 하게 되었다.

박정희 대통령은 조카인 단종을 죽이고 왕위에 올랐지만 나라를 튼튼히 한 세조에 비교할 수 있을 것 같았고, 데모하면서 희생당한 대학생들은 세조에 항거함으로써 가문이 망한 사육신에 비교할 수 있을 것 같았다. 그렇지만 신군부에 의한 통치는 어떤 명분도 찾기 힘들다는 결론을 내리게 되었다.

그렇다고 나는 신군부에 대항하여 데모를 주동할 용기도 없었지만 자수성가한 아버지에게 피해를 드리고 싶지 않다는 생각도 있었다. 지독하게 가난한 집에서 태어나 제대로 교육을 받지 못했지만 독학으로 고시에 합격했던 아버지는 당시 법원장이었다. 만약 내가 데모를 하여 잡혀가게 되면 당연히 옷을 벗어야만 했다. 그래서 내가 선택한 길은 소극적인 저항이었는데 오로지 나에게만 적용되는 피해라면 감수하겠다는 의지의 표현이었다.

마침 제5공화국이 출범하면서 공무원들의 국가관을 검증한다는 명

목으로 내가 보게 될 제25회 행정고시부터 국민윤리 과목이 새로 추가된 상황이었다. 그 행정고시는 나의 미래가 걸려 있었던 중요한 시험이었지만 나는 시험장에서 양심의 소리를 적겠다고 결심했다.

제25회 행정고시 2차 시험은 1981년 10월 어느 날, 한성대학교에서 실시되었다. 시험 치는 날은 귀신같이 알아본다고 제법 쌀쌀했다.

나는 시험장으로 들어가기 전 건물 현관 앞에서 크게 심호흡을 한 번 했다. 어떻게 보면 아예 떨어지려고 작정하고 온 것이나 다름없었으니 착잡한 심정이었다. 고시 공부하느라고 대학원 시험이나 유학 준비도 하지 않았으니 나의 앞길은 불을 보듯 뻔한 암울함 그 자체였다.

시험 첫 시간이 국민윤리였는데 '제5공화국의 기본 이념을 논하라'라는 50점짜리 문제가 나왔다. 나는 내 양심이 명령하는 바에 따라 진실만을 기술하겠노라 결심하고 시험장에 앉았다. 하지만 시험지를 받아든 순간까지 내가 정말 그렇게 할 수 있을까 하는 의구심이 여러 번 들었다. 어떻게 보면 내 인생에서 가장 중요한 순간이었기 때문이다.

그런데 막상 답안지에 첫 글자를 적는 순간 정신이 맑아지면서 글이 저절로 쓰이는 듯한 착각이 들 정도로 상당히 유려한 문장이 끊임없이 이어졌다. 그중에서도 '4·19의 이상과 5·16의 현실은 서로 대립하여 오다가 1979년 10월 26일에 와서 그 역사적 전환점을 맞이하게 되었다.'라는 문구가 가장 기억에 남는다.

제5공화국 출범의 정당성을 정면으로 부정하는 답안이었다. 당초 작정한 대로 양심의 소리를 적고 나니 기분이 좋았다. 아버지는 환한 얼굴로 돌아온 나를 보며 시험을 잘 봤다고 착각하신 듯했다.

시험 결과가 발표난 후 나의 탈락을 이상하다 여긴 아버지는 급기야 시험 성적을 알아보셨다. 아버지는 국민윤리 성적이 11점이라고 말씀해주셨다. 어차피 한 과목이라도 40점 미만이면 과락으로 떨어지는 상황인데 11점이라는 형편없는 점수를 준 것은 채점위원들이 상당히 분노했기 때문이 아닌가 싶었다.

퇴학의 위기에 처하다

내 나름의 소극적 저항을 한 사건이 또 있다. 4학년 2학기로 접어들면서 나는 졸업하기 전에 마무리해야 할 중요한 일을 실행에 옮겼다.

자신의 모든 것을 희생하면서까지 데모를 하는 학생들의 대의명분 大義名分을 분명하게 천명하고 싶었다. 이기적으로 온갖 사리사욕을 채우면서 순순한 학생들의 희생을 조롱하고 비웃는 일부 교수나 학생들에게 경고할 필요성도 느꼈다.

당시 자신은 안전한 곳에 숨어서 용감하게 저항하다가 희생당하는 학생들을 손가락질하던 부류 중 대표적인 인물로 나는 경영대의 C 교수를 지목하고 있었다.

나이가 비교적 젊었던 부유한 집안의 C 교수는 미국 명문 대학의 경영학 박사 출신임을 늘 자랑하고 다니면서 "미국에서 경영대 학생은 데모 안 해." 라는 말을 자주 내뱉곤 했다. '그럼 미국에서 경영대생이 데모하면 우리도 해야 하나?' 하는 생각이 들어서 어이없는 사람이라고 생각하곤 했다. C 교수의 이러한 발언은 맨손으로 불의不義와 싸우면서 쓰러져가는 학생들에 대한 용서할 수 없는 모욕이라고 생각했다.

나는 1981년 11월경 C 교수에게 경고장을 보내기로 결심했다. 사실 C 교수로 대표되는 비열한 교수들 전체에게 보내는 메시지였다.

'하필이면 복날 한恨많은 견생犬生을 하직하는 불쌍한 황구黃狗처럼 그렇게 열심히 얻어터지면서도 끝까지 무릎을 꿇지 않는 대학생들을 볼 때'라는 문장으로 시작되는 '한국의 선비정신'이라는 글이었다.

나는 그 글에서 데모하다가 잡혀서 고문 등 온갖 고초를 당하는 대학생들을 사육신死六臣에 비유했고, 민족적인 사명감을 가지고 열심히 연구 활동에 전념하는 교수들을 생육신生六臣에 비유하며 C 교수의 행태를 비판했다. 편지 겉봉에 '조국과 민족을 배신한 C 군君에게 보내는 경고장'이라고 적으면서 C 교수의 이름을 존칭 없이 빨간 글씨로 썼다.

만약 이 편지가 C 교수에게 직접 전달되었다면 그 스스로 창피해서 찢어버렸을 테고 이 사건이 흐지부지되고 말았을 수도 있었다. 그러나 공교롭게도 C 교수가 오랜 기간 출장 중이어서 편지는 과 사무실에서 한동안 방치되었다.

어느 날 교수 이름을 빨간 글씨로 쓴 것을 이상하게 여겼던 교무처장이 뜯어보면서 사건이 커졌다. 곧바로 경영대 전체교수회의가 소집되었고 그들은 나를 퇴학시키기로 결정했다.

이런 사정을 몰랐던 나는 편지가 어찌 되었는지 궁금해 하고 있었는데 어느 날 누나가 침통한 표정으로 말했다.

"아버지가 오늘 서울대에 불려가셨다가 너를 퇴학시키겠다는 통보를 받았대. 지금 울고 계셔."

각오는 하고 있었지만 막상 퇴학이라고 하니 막막한 느낌이 들었다. 그리고 내가 우리 집안에서 처음으로 서울대에 들어갔다고 좋아하셨던 부모님 가슴에 비수를 꽂은 것 같아 마음이 몹시 아팠다.

그런데 며칠 뒤 지금 생각해도 믿기 힘든 일이 생기면서 나는 퇴학의 위기에서 구제되었다. 서울에 있는 어느 명문대학교 박사과정에 있던 대학원생이 자신의 지도교수를 살해한 사건이 발생한 것이다.

이 사건은 나의 퇴학을 결정했던 경영대 교수들을 몹시 놀라게 했다. 남의 일이 아니라고 생각한 모양이었다. 그들은 자신들에게도 비슷한 일이 일어날까 두려워 나에 대한 퇴학 처분을 슬그머니 취소했다.

퇴학은 취소되었지만 경영대 교수들의 미움을 받게 된 나는 국내 재벌 기업에 취직하는 것이 어렵게 되었다. 서울대 경영대 교수들의 대부분은 재벌 그룹의 고문역할을 맡아 회장들과 친하게 지내고 있었기에 나를 추천할 리가 만무했기 때문이다.

그렇다고 고시 공부를 다시 하는 것도 비현실적이라 결국 나는 외국인 회사로 눈을 돌렸다. 당시 그래도 인기가 있었던 미국 컴퓨터회사인 IBMInternational Business Machines에 입사시험을 쳤는데 다행히 합격이 되어 3년 반을 다니게 되었다. 여기서 나는 내 일생에 걸쳐 큰 도움이 된 교섭기술을 배울 수가 있었다.

늦깎이로 외교관이 되다

컴퓨터 회사에 다니던 어느 날, 나는 남들이 생각하기에도 뜬금없는 생각을 하게 됐다. 러시아어를 배워야겠다고 결심한 것이다. 1983년 9월 1일 대한항공 007편이 격추당한 사건 때문이었다.

미국의 뉴욕 존 F. 케네디 국제공항을 출발해 앵커리지를 경유하여 김포국제공항으로 오던 KAL 여객기가 소련 공군 소속의 수호이-15의 공격을 받아 사할린 서쪽 바다에 추락했다. 이로 인해 16개국 269명의 탑승자 전원이 숨지는 비극이 발생했다.

당시 미국을 위시한 서방국가들과 우리 정부는 '민간 항공기임을 알면서도 고의로 추락시킨 소련의 야만적인 행위'에 대하여 맹렬하게 비난했다.

하지만 나는 법관이셨던 아버지가 "항상 양쪽의 의견을 다 들어보아야 한다."고 하시던 말씀이 생각나서 소련 측 얘기도 듣고 싶었다. 그러려면 러시아어를 잘해야 했고 내친김에 공부해봐야겠다고 결심했다.

회사 생활을 하면서 혼자 공부하려고 했는데 그리 녹록지 않았다. 러시아어는 생각보다 몹시 어려웠다. 문법이 힘들다고 정평이 나 있던 독일어가 4격인 데 비해 러시아어는 6격이라 훨씬 까다로웠다.

게다가 당시 우리나라와 소련과는 외교관계가 없어 러시아어는 별로 인기가 없었던 관계로 교재가 많이 부족했고 특히 러시아어-한국어 사전이 없어서 공부하는 데 큰 불편을 겪었다. 결국 제대로 러시아어를 공부하기 위해 1986년 2월 편입시험을 치뤄 외대 러시아어과 3학년이 되었고 5월에 회사를 그만두었다.

그때 내 나이 27세였다. 내 친구들은 괜찮은 직장에 자리 잡고 결혼하는 시기였는데 난 아무 대책도 없이 회사를 그만두었다. 그리고 어렵기만 한 러시아어를 공부하는 동시에 러시아어를 배운 다음 무엇을 할 것인지도 고민해야 할 처지였다.

장고 끝에 러시아어를 제대로 사용하기 위해서는 외교관이 되는 것이 유일한 방법이라는 생각에 외무고시에 응시하기로 했다. 외무고시는 1년에 20명밖에 뽑지 않는 데다 32세까지라는 나이제한이 있다는 사실조차 알지 못한 채 무조건 러시아어를 씨먹을 방법만 생각하다 내린 결정이었다. 다른 방향을 살펴볼 마음의 여유도 없었다.

막상 이미 20대 후반에 들어선 나이에 어려운 러시아어뿐만 아니라 생소한 외무고시 과목들도 공부해야 하는 상황에 직면하게 되니 힘이 빠지기 시작했다. 백수 신분을 탈출하기가 어렵기만 하다는 게 더욱더 현실적으로 느껴지기 시작하면서 절망감만 쌓였다.

한 줄기 희망의 빛은 예상치 못한 곳에서 비추었다. 3학년으로 편입은 했지만 러시아어는 왕초보였기 때문에 1학년 수업부터 들을 수밖에 없었다. 강의 첫 시간에 기연수 교수님께서 칠판에 러시아어로 무엇인가 열심히 쓰셨다. 러시아의 대문호 푸시킨Aleksander Pushkin의 시였다.

삶이 그대를 속일지라도

슬퍼하거나 노하지 말라

슬픔의 날 참고 견디면

기쁨의 날 오리니

마음은 미래에 살고

현재는 늘 슬픈 것

모든 것은 순간에 지나고

지나간 것은 다시 그리워지나니

갑자기 나의 내면에서 '그래 다시 일어서자' 하고 외치는 소리를 들었다. 나는 본격적으로 고시공부를 시작했다.

나이 30이 다 되어 백수로 전락한 나로서는 부모님께 계속 얹혀 살 염치가 없어서 회사 퇴직금을 가지고 신림동 고시촌에 들어갔다. 열심히 러시아어를 익히면서 외무고시 공부를 했지만 회사 다닐 때 주말마다 당구와 포커를 치면서 놀던 습관이 붙어서 책을 봐도 눈에 잘 들어오지 않을 때가 많았다.

그래도 전에 행정고시를 준비한 이력도 있고 해서인지 운 좋게도 1987년에 응시한 외무고시 1차 시험에 합격했다. 그런데 1988년 2월로 예정된 제22회 외무고시 2차 시험은 도저히 자신이 없었다. 이번에 떨어지면 다시는 기회가 오지 않을 거라는 위기감에 절박한 심정이었지만 도대체 자신감을 끌어올릴 수가 없었다.

뜻밖의 조언

결국 나는 시험날짜가 다가오자 배수背水의 진陣을 치기로 결심했다. 나흘간 이어지는 시험기간 동안 잠을 1분도 자지 않고 버티기로 한 것이다. 잠을 자지 못해 정신이 극도로 긴장되면 희미하게 외웠던 것도 답안지 쓸 때 생각날지 모른다고 생각했다.

그 방법은 내가 생각해도 매우 위험한 발상이었다. 시험장에서 잠깐 졸기라도 하면 모든 것이 끝장날 수도 있는 위험을 감수한 것이다. 잠이 워낙 많아서 남들은 4~5시간씩 잔다는 고등학교 3학년 때에도 7시간씩 잤던 내가 잠을 진혀 자지 않고 버티겠다고 결정한 것은 그만큼 절박했다는 뜻이기도 했다.

다행히 시험 당일에 졸지는 않았다. 오히려 정신이 번쩍 날 이상한 일이 있었다. 나중에 생각해보니 지성至誠이면 감천感天이라는 말처럼 극한까지 스스로를 몰아붙인 나에게 도움의 손길이 뻗쳐진 것이 아닌가 싶었다. 경제학 시험을 치르기 직전에 한 시험관이 말했다.

"제가 몇 달 전 기술고시 시험 감독으로 들어갔는데 참 안타까운 일이 있었습니다. 한 응시자가 평균점수는 수석이었는데 한 과목에서 39점을 맞아 과락을 하는 바람에 결국 떨어졌습니다. 여러분은 모르는 문제가 나와도 포기하지 말고 끝까지 최선을 다하기 바랍니다."

대부분의 시험관은 아무 이야기도 하지 않은 채 감독만 하고 마는데 왜 이런 이야기를 할까 의아한 생각이 들었다.

몇 분 뒤 칠판에 붙어 있던 두루마리 종이가 풀리면서 경제학 문제들이 나타나자 나는 머리를 세게 한 대 맞은 것 같았다. 시험관의 말은 나 들으라고 한 소리 같았다. 러시아어에 치중하느라 경제학 공부를 제대로 못해서 그랬던지 세 문제 모두 내가 전혀 본 기억이 없는 생소한 것들이었다. 시험관이 했던 이야기가 아니었다면 문제를 보는 순간 포기하고 말았을 것이다.

나는 문제와 관계 없는 내용일지라도 정성들여 답안지를 작성했다. 마지막 25점짜리 문제는 답을 절반 정도 적은 상황에서 갑자기 아무래도 아닌 것 같은 느낌이 강하게 들었다. 이미 썼던 내용을 지우고 그때 생각났던 내용을 급하게 적어 넣었다.

시험이 끝나고 경제학 책을 보니까 내가 급하게 고쳐 적었던 내용이 정답이었다. 나는 한 번도 보지 못한 이론이었는데 시험시간 중에 어떻게 생각났는지 두고두고 신기할 노릇이었다.

한 달 뒤에 발표된 제2차 외무고시 합격자 25명 중에 내 이름도 있었다. 성적이 중상위권이었던 나는 최종적으로 20명을 선발하는 3차 시험도 무난하게 통과하여 정식으로 외교관이 되었다.

3차 시험이 끝난 뒤 2차 성적을 받아볼 수 있었는데 나의 경제학 점수는 과락을 1점 차이로 간신히 넘긴 41점이었다. 경제학 시험시간에 감독관이 그 얘기를 하지 않았다면 어떻게 되었을까 하는 생각이 지금도 들 정도로 아찔했던 순간이었다.

이상한 공무원 사회

우여곡절 끝에 간신히 외교관이 된 나는 인생을 덤으로 산다는 느낌을 갖게 되었다. 관료로서의 새로운 삶을 시작하며 나는 애초부터 장·차관을 하겠다는 생각은 없었다. 그보다 나를 절체절명絶體絶命의 위기로부터 여러 차례 구해 주었던 보이지 않는 손에 감사하며 나도 어려운 처지에 빠진 사람들을 도우면서 살았으면 좋겠다는 생각이 들었다.

조직에서 출세하여 수장이 되겠다는 생각이 없어서인지 아니면 외국인 회사를 다녔던 경험이 있어서였을까. 내가 속한 외교부의 조직문화에 대해 무조건 받아들이기보다는 반 발자국 정도 떨어져 객관적으로 보게 되었다.

하루 이틀 근무하면 할수록 기업과 외교부라는 기관과의 문화적 온도 차가 느껴졌다. 아마도 이러한 것들은 외교부뿐만 아니라 전체 공무원 사회가 공통으로 가지고 있는 특징이라는 생각이 들었다.

그렇지만 외교부라고 하면 외국과 자주 접촉해야 하는 업무 특성상 어느 곳보다 더 선진적이고 합리적인 문화가 자리 잡고 있을 것이라고 기대했기에 실망감은 컸다.

내가 놀랐던 것은 부하 직원들에게는 상당히 권위적인 자세를 취할 뿐만 아니라 기업에 비해 상당히 형식적으로 일하는 분위기에 막상 어렵고 골치 아픈 업무는 회피하는 조직 문화였다.

내가 3년 반 동안 다녔던 IBM과 같은 세계적인 기업들은 실질적인 성과를 내는 업무스타일과 개인존중 정신을 가장 중요한 원칙으로 간주하고 있었다.

그런 기업문화에 적응하며 직장생활을 해왔던 나는 군대와 비슷할 정도로 상하관계가 엄격하고 지휘체계가 분명한 외교부의 조직문화를 납득하기가 어려웠다.

회사를 그만두고 외무고시에 합격하기까지 몇 년 동안 백수생활을 하면서 지연스럽게 접해온 서민들의 삶도 권위적인 관료사회에 대해 부정적으로 생각하게끔 만들었던 것 같다.

이런 분위기에서 근무를 하면서 외교부의 권위주의 문화에 대해 비판의식을 가지게 되었고 그로 인해 무심결에 표출하게 된 돌출언행 때문에 나는 얼마 되지 않아 선배들의 눈 밖에 나게 되었다.

나도 모르는 사이에 '국장급 사무관'이라는 별명을 얻게 되었고 "저

자식은 걷는 것도 건방져."라면서 수군대는 소리도 듣게 되었다.

보여주기 식으로 일하다

내가 첫 번째로 고쳐야 한다고 생각했던 외교부의 문화는 업무를 상부에 보여주기 식으로 형식적으로 한다는 것이었다. 업무에서 실질적인 성과를 내는 것보다는 상사들과 좋은 관계를 맺는 것을 더 중요하게 여겼다.

IBM에서는 몇 시까지 일하든 말든 그것은 상관하지 않았다. 어떻게 해서든지 성과를 내는 것이 중요했다. 근무시간 중에 일을 끝내지 못하고 야근을 하면 무능한 직원으로 간주되었다.

하지만 외교부에서는 결과야 어찌됐든 몇 시에 퇴근하느냐가 훨씬 더 중요했다. 간부들의 눈치를 특히 많이 보는 과장들은 처리해야 할 업무의 성격이나 결과와는 상관없이 항상 밤늦게까지 사무실의 불이 켜져 있다는 사실 자체를 자랑스럽게 생각했다.

너무나 다른 문화였다. 대부분의 직원들이 정신이 맑은 오전과 오후에는 업무를 슬슬 하다 저녁 먹고부터는 졸지 않고 밤늦게까지 버티는 근무 행태가 이어졌다. 그런 식으로 2년간 근무해 보았는데 매일 밤 11시나 12시가 되어서야 퇴근하다 보니 다음 날 아침에는 늘 몽롱한 상태가 되어 제대로 일을 할 수가 없었다.

이런 형식주의 업무 문화는 없어지기는커녕 그 후 점점 더 심해져 지난 정권 때에는 믿을 수 없는 상태로까지 악화되었다.

당시 장관은 '콘클라베'(가톨릭교회에서 교황을 선출하는 추기경회의)라는 거창한 이름을 붙인 심야회의를 자주 열었다. 종종 새벽까지 계속되기도 했던 회의가 끝나면 참석했던 간부들은 지시사항을 전달하였고 담당하는 국이나 과의 직원들은 관련 보고서를 당일 이른 아침까지 작성하여 제출해야만 했다.

그러다 보니 외교부 직원들이 전혀 잠을 자지 못하는 경우도 비일비재하게 생겨났다. 이런 비정상적인 상황은 '밤을 잊은 광화문'이라는 미사여구로 포장되어 언론에 소개되기도 했다. 아무 사정도 모르는 외부에서는 '외교부가 정말 열심히 일한다.'라며 칭찬이 자자했다.

이러한 극단적인 형식주의는 외교부와 우리나라 외교에 심각한 손실을 초래했다. 이런 상황이 4년 이상 지속되면서 직원들의 체력과 정신력은 완전히 고갈되어 업무 중에 병원으로 실려 가는 과장이나 직원이 속출했다. 쓰러지지 않은 나머지 직원들도 몽유병 환자처럼 멍하게 눈만 뜨고 책상에 앉아 있는 경우도 태반이었다.

최근 외교부에서 이해하기 힘든 사고들이 계속적으로 일어난 것도 상식적으로 도저히 이해할 수 없는 황당한 운영으로 인하여 직원들이 완전히 탈진한 때문이 아닌가 생각한다.

몇 년 동안 직원들을 잠도 안 재우면서 일을 시켜 그에 상응하는 성과를 도출했다면 그나마 조금이라도 위안을 얻을 수 있겠지만, 별로 그런 것 같지도 않아 서글퍼진다.

권위주의가 만연하다

아마도 우리나라에서 대학을 졸업하고 곧바로 외교부나 다른 행정 부처에 들어온 직원들이라면 직장 내 권위주의가 만연하고 있다는 사실을 잘 느끼지 못했을지도 모른다. 나도 미국 회사를 다니지 않았더라면 별로 이상하다는 생각을 하지 않고 당연하게 받아들였을 수도 있다.

내가 외교부에 입부한 후 가장 놀랐던 것은 선약 우선에 관한 문제였다. 오래 전에 입부 동기나 친구들과 점심약속을 했다 할지라도 후에 과장이나 국장이 같이 식사하자고 하면 당연히 선약을 취소하는 문화였던 것이다. 바로 개인의 사적인 약속은 아무 소용이 없었고 모든 약속이 윗사람의 눈치를 봐야 한다는 것이었다.

내가 다녔던 미국 회사에서는 누구든 선약이 최우선이었다. 사장이라 하더라도 직원이 선약이 있다고 하면 다른 날로 약속 잡는 것을 당연하게 여겼다.

나를 놀라게 했던 또 다른 사실 하나는 상급자가 하급자에 대하여 야단을 칠 때 업무적인 내용뿐만 아니라 인격적인 모욕을 서슴지 않는다는 것이었다. 더 놀라운 것은 이런 상황에서 인격적 모욕을 당하는 하급자는 이를 묵묵히 참고 견디며 당연하게 여기는 것이었다. 게다가 하급자가 상급자와 얘기할 때 어려워하는 태도를 보여야 하는 것이 불문율처럼 되어 있었다.

미국 회사에서는 상급자라 하더라도 하급자에게 인격적인 모욕을 가한 것이 발각되면 곧바로 회사에서 쫓겨났다. 내가 IBM에 입사한 지 일주일 정도 지났을 무렵 상무가 해임된 일이 있었다. 나중에 이유를 들어 보니 직원들에게 인격을 모욕하는 말을 했다가 직원들이 IBM 본부에 청원하는 바람에 해임 통보를 받았다는 것이다.

IBM에서는 연말에 직원 가족들을 위하여 유명 연예인을 초청하여 파티를 연다. 그때도 사장이나 간부 자리를 별도로 지정하지 않고 오는 순서대로 앉는다. 요컨대 업무를 떠나서는 회사 직원은 모두 평등하다는 인식을 심어 주었다.

그런 문화에서 3년 넘게 일을 했던 나로서는 무조건적인 상명하복上命下服의 군대식 문화를 이해할 수도 없었고 적용하기도 어려웠다.

사실 권위주의 문화는 관료조직의 속성상 우리 행정부의 거의 모든 부처에 존재한다고 할 수 있는데 외교부가 좀 더 심했다. 그 이유는 인사권자의 눈 밖에 나면 승진에서 불이익을 받을 뿐만 아니라 해외의 힘든 공관으로 발령이 날 수 있기 때문이다.

최험지 공관으로 발령이 나면 본인뿐만 아니라 가족들도 고통을 받기 때문에 외교부 직원들은 상급자에 대하여 더욱 순종적인 태도를 취하게 된다는 것이다.

어려운 일은 피하고 본다

우리는 누구나 골치 아픈 일을 맡기 싫어한다. 그렇지만 민간기업에 비하여 공무원의 경우에는 더욱 더 어려운 일을 피하려는 경향이 강하다. 그 이면에는 구조적으로 그럴 수밖에 없는 측면이 강해서 더욱 심각한 것 같다.

민간 기업의 경우는 골치 아프고 위험한 일이라 하더라도 회사 입장에서 매우 중요한 것이라면 그것을 해내는 직원들에 대하여 특별 승진이나 그에 상응하는 상여금 등의 인센티브를 주게 마련이다. 그렇기 때문에 고생과 위험을 감수하려는 직원들이 어떻게든 해결해보려는 분위기가 있다. 일반적으로 민간에서 새로운 사업을 시작했을 때 성공할 확률은 10% 미만이라고 한다.

그러나 공무원 사회의 경우에는 어려운 일들을 해결한다고 해도 받을 수 있는 최고의 대접이 훈장이고, 봉급은 그대로인 채 승진에도 이렇다 할 영향이 미치지 않는 경우가 다반사다. 반면 골치 아픈 일을 해결하려다 실패할 경우 징계라도 받게 되면 승진에 치명상을 입게 된다.

공직사회에서 골치 아픈 일이라는 것은 대개 누군가 거창하게 시작했다가 실패한 사업을 의미하므로 이러한 일을 성공시키는 것은 더욱 힘들다고 할 수 있다. 따라서 공무원들은 어려운 일이나 골치 아픈 일을 회피하려는 경향이 다분하다.

우리 국민들은 이러한 공무원의 행태에 대해 복지부동伏地不動이라며 질타해 왔다. 그러나 나는 이렇게 공무원을 비난하는 사람도 막상 공무원이 되면 대동소이大同小異한 행동을 하게 될 것이라고 확신한다. 왜냐하면 이는 공무원의 잘못이라기보다는 제도가 그렇게 되어 있기 때문이다. 이런 상황에서 오히려 뭔가 해보려고 나서는 공무원은 현실을 전혀 모르는 바보가 될 가능성이 높다.

외교관은 직업의 특성상 이런 경향이 다른 부처의 공무원들에 비하여 좀 더 심하다고 할 수 있다. 외교관은 본부와 해외공관을 2~3년 주기로 계속 이동하는 업무의 특성상 자신이 제안한 사업을 마무리해야 한다는 책임의식이 상대적으로 희박하다고 할 수 있다.

또한 대통령의 해외순방 자료를 타 부처들로부터 취합하여 청와대에 올리는 최종 부서라 정상행사 때마다 국민과 언론에 홍보할 수 있는 성과사업을 발굴해야 하는 압박감에 시달리게 된다. 현실성이 결여되더라도 우선 멋있게 보이는 사업을 건의하는 경우가 적지 않다.

이렇게 무리하게 추진하던 사업은 항상 용두사미로 시간을 끌다 흐지부지되는 게 많을 수밖에 없다. 이유는 남이 추진하던 사업을 자신이 처리해봤자 뒤치다꺼리가 되거나 잘못되면 독박을 쓴다는 생각에 굳이 손대려 하지 않기 때문이다.

혼자만의 당당한 저항

외교부에 들어간 지 얼마 되지 않은 시점에서 조직의 불합리한 문제점들을 인식한 나는 가급적이면 타협하지 않고 내가 옳다고 생각하는 대로 행동하겠다고 마음먹었다.

형식적인 업무처리 관행과 권위주의 문화 그리고 어려운 일을 피하는 세 가지 큰 문제점에 대해 나름대로의 방식으로 부딪혀 보겠다고 생각한 것이다. 갑질을 해대는 상관들에게는 끝까지 저항하되, 나보다 지위가 낮은 직원들은 적극적으로 도와주어야 하겠다는 희망을 품게 되었다.

그렇지만 엄격한 상명하복上命下服이라는 규율이 지켜지고 있는 관료사회에서 이러한 소신을 행동으로 옮기는 것은 무척 힘들었다. 입부

한 지 얼마 되지도 않아 선배들로부터 '국장급 사무관'이라는 빈정거리는 소리를 듣게 되었다.

권위주의는 거부

내가 가장 먼저 정한 원칙은 무슨 일이 있어도 선약을 우선적으로 지키겠다는 것이었다. 누가 됐든 이미 약속을 한 상황이라면 과장이나 국장 등 나의 상사가 갑자기 점심이나 저녁을 같이 하자고 할 경우라도 정중하게 거절했다.

그러나 나중에 알고 보니 이러한 문화는 외교부에만 국한된 것이 아니었고 우리 사회에 만연한 특징이라고도 할 수 있었다. 어떤 회사에서 사장이 갑자기 점심 식사를 하자고 했을 때 직원이 선약이 있다고 거절한다면 그 직장에서 견디기는 쉽지 않을 것이다. 나는 신분이 보장되는 공무원이었기에 눈총은 받아도 자리는 보전할 수 있지 않았나 하는 생각이 든다.

다음은 업무 전반에 걸친 권위주의에 관한 처신이었다. 나는 윗사람의 권위를 업무 내에서는 인정하지만 업무 외적인 부분에서는 배격한다는 원칙을 세우고 부당한 대우는 거부하기로 했다.

한번은 통상산업부(현 산업자원부) 차관이 주재하는 박람회 관련 부처 국장급 회의에 국장 대리로 참석했다. 담당과장은 그 회의에 참석했던 10여 명의 정부부처 국장들에게 회의 도중에 담배를 피우지 말아 달라고 요청했다. 그런데 정작 차관 자리에는 재떨이가 놓여 있었다. 아니나 다를까 차관은 자리에 앉자마자 담배를 꺼내 피우기 시작했다.

나는 '외교부 대표로 이 회의에 참석했는데 타 부처 차관은 피워도 되는 담배를 나는 왜 피우면 안 되는가?' 하는 생각에 나도 담배를 피우기 시작했다. 차관 책상에 놓여 있던 재떨이까지 같이 사용했다.

얼마 뒤 사무관이었던 내가 통상산업부 차관과 함께 맞담배를 피우는 모습이 찍힌 사진이 잡지에 게재됨으로써 외교부 내에서도 큰 화제가 되었다.

잘하는 사람이 제대로 하도록

나는 어떤 일이든 일 잘하는 사람이 적임자라는 생각을 가지고 업무에 임했다. 일단 맡은 일은 누구보다 제대로 하고자 노력했지만 잘할 수 있는 사람에게 기회를 주는 데도 앞장섰다. 외교직이 맡아 왔던 정보화담당관 직을 개방직으로 만들어 외정직들에게 넘겨준 것도 그런 이유에서였다.

외교부에는 직무 구분상 외교직과 외무행정직, 그리고 외교정보직(외정직)이 있었다. 이 중에서 외신업무를 담당하는 기술자들인 외정직들이 가장 힘이 약했다. 외정직은 140여 명이나 되었지만 이들이 차지할 수 있는 정식 과장 자리는 하나밖에 없었다. 정보화 업무의 주무과장이라고 할 수 있는 정보화담당관도 관례적으로 외교직이 맡아 왔다.

나는 정보화담당관은 정보화능력이 있는 직원이 맡아야 한다는 점을 간부들에게 강력하게 주장했다. 그래서 이 자리를 외교직 뿐만 아니라 외정직도 응시할 수 있는 개방직으로 바꾸는 데 성공하였다. 그래서 내가 구주1과장으로 자리를 옮긴 다음부터는 외정직들이 정보화담당관을 맡게 되었다.

내가 정보화담당관을 외정직에게 넘겨줘야 한다고 생각한 것은 외정직의 사기를 진작해야 한다는 이유도 있었지만 무엇보다 제대로 역량을 갖춘 사람들이 적합한 업무를 해야 한다고 생각했기 때문이다.

정보화담당관은 정보화시대에 중요한 보직으로 떠오른 자리였다. 그런데 전문가가 아닌 외교직에서 맡는다는 것은 문제가 있었다. 그때까지만 해도 정보화담당관은 외교직이 주요 보직으로 나가기 전 1년 정도 거쳐 가는 자리로 여겨졌기 때문에 그 자리에 앉은 사람들이 과장 역할을 제대로 수행하지 못했다.

열심히 일을 한 경우라 해도 잘 모르는 상황에서 무조건 열성을 다하다가 외교부 전체를 위험으로 몰아넣은 이른바 '선무당이 사람을 잡는' 사례를 남기는 경우도 있었다.

내가 정보화담당관을 맡았던 2003년도 가을이었다. 당시 외교부는 300억 원 규모의 대규모 신규 정보화사업인 'e-Diplomacy'를 본격적으로 추진하는 단계에 들어서고 있었다.

이 프로젝트는 전임인 L 과장이 누구도 따라갈 수 없는 열성을 가지고 이루어낸 성과였다. e-Diplomacy 사업의 핵심은 외교부의 관리하에 전 정부부처가 사용하고 있는 해외 네트워크인 외교망을 현행의 전용선 망에서 인터넷 기반의 Internet-VPNVirtual Private Network으로 교체한다는 것이었다.

이 새로운 기술을 권장했던 국내 굴지의 S사는 이것이 가격은 저렴하면서도 보안은 전용선 못지않게 철저하게 보장된다고 강조했다. 당시는 혁신의 열풍이 강하게 불고 있을 때였다.

그래서 이런 혁신적인 신기술이 정부의 방침과도 부합하여 주무부처인 정보통신부의 전폭적인 예산 지원을 받았고 보안성을 최종적으로 심사하는 기관의 승인도 이미 받은 상황이었다.

무엇보다도 S그룹에 대한 신뢰로 인하여 Internet-VPN에 대해 이렇다 할 반론을 제기하는 사람이 거의 없었다. 외정직 중에서 통신전문가들이 우려를 표시했지만 힘이 없었던 그들의 의견은 간단히 무시되었다.

불경죄냐, 의로운 돈키호테냐

정보화담당관을 맡게 된 나는 어쩐지 석연치 않다는 생각이 들었다. 나는 IBM에서 컴퓨터 전문가 교육을 제법 강도 높게 받았고 우리나라에서 해외 네트워크를 가장 활발히 사용하는 대한항공을 담당했던 SE System Engineer 출신이라서 네트워크에 대해서는 좀 안다고 할 수 있었다.

우선 보안이 잘 되면서도 가격이 싸다고 하는 S사의 주장은 마치 동네 약장수가 만병통치약이라고 선전하는 것 같아 미심쩍었다. 잘 모르는 사람들은 S사라고 하면 무조건 믿고 보는 경향이 있지만 컴퓨터업계에 몸담은 적이 있었던 나는 S사는 반도체에는 강하지만 네트워크에는 경험이 없다는 것을 잘 알고 있었다. 또 외교부에 자사 제품을 팔면 가만히 앉아서 매년 막대한 수익을 올릴 수 있다는 점에도 주목했다.

의구심을 합리적으로 검증하기 위해 나는 네트워크 분야에서 국내 최고 전문가라고 할 수 있는 두 사람을 만나 의견을 들어보았다. 한 사람은 한진그룹의 정보화를 총괄하는 C 사장으로 20여 년 전 내가 IBM SE로 대한항공을 담당할 때 대한항공 전산실장이었고, 다른 한 사람은 한국IBM의 통신전문가였다.

그들은 외교망을 Internet-VPN으로 바꿀 계획이라는 얘기를 듣고 매우 놀라면서 절대로 안 된다고 극구 말렸다. 특히 C 사장은 "이미 한진그룹에서는 몇 년 전부터 Internet-VPN을 사용하고 있어서 잘 아는데 그것은 기본적으로 인터넷이기 때문에 보안에 매우 취약하다."고 얘기해 주었다.

바로 다음 날 나는 정보화담당심의관과 과장들 그리고 관련 외정직 원들을 모아 놓고 Internet-VPN은 보안에 너무 취약하므로 지금처럼 전용선을 고수할 방침이라고 설명했다. 마치 벌집을 건드린 듯한 반응이 나왔다. 특히 S사는 이미 그 사업을 위해 몇 억 원을 사용했기 때문에 그대로 포기할 것 같지 않았다.

그 후 2년 동안 나는 온갖 형태의 회유와 압박을 받았다. 일부 내부 외정직 직원들로부터는 "이미 보안기관에서 승인했고 굴지의 S사 전문가들도 보장하는 새로운 시스템을 과장이 뭔데 바꿔."라며 빈정거리는 소리도 들었다.

또 시대의 흐름에 역행한다는 공격도 많이 받았다. 외교망으로 전용선을 사용한다는 얘기는 전용선에 연결된 내부 망과 외부 인터넷 망을 완전히 분리한다는 것을 의미한다. 이는 직원 한 사람당 컴퓨터를 두 대씩 사용해야 한다는 이야기가 되기 때문이었다. Internet-VPN을 사용할 경우 내부 망과 인터넷 망이 통합되어 컴퓨터를 한 대만 사용해도 된다. 그러니 정보화를 통한 혁신을 강조하는 시대에 발전된 기술을 사용하여 컴퓨터 한 대면 충분한 것을 내가 고집을 부려 컴퓨터 두 대를 사용하게 만든다고 비난하는 것이었다.

하지만 나는 끝내 전용선 사용 방침을 고수했다. 최근 우리 외교부의 인터넷 망에 대한 해킹 공격이 빈번히 일어나 자료가 유출되는 경우가 심심찮게 발생한다는 얘기를 들었다. 그때 외교망을 Internet-VPN으로 바꾸었더라면 얼마나 많은 외교상 비밀이 적대 세력들에게 유출되었을까 하는 생각이 들기도 한다.

그때 전용선 망을 지켜낸 것과 내부 망과 외부 인터넷 망을 완전히 분리시켰던 것은 내가 외교부에서 31년간 근무하는 동안 가장 중요하고 잘한 일이라고 자부하고 있다.

외교부 내에서 그동안의 관례를 거부하곤 했던 나의 행동과 태도는 권위의식에 젖은 사람들을 많이 불편하게 했다. 나는 선배들과 간부들의 눈에 거슬리는 '불경죄不敬罪'를 지은 것으로 간주되었다. 당연히 승진에 있어서 이들의 지원을 받지 못해 고생했고 인기 있는 보직에도 가지 못했다.

힘이 들고 외롭고 때로는 지치기도 했지만 후회한 적은 없다. 무엇보다 원칙을 가지고 추진했던 일들이 성과를 거둘 때가 많았기 때문이다. 종종 거창하게 시작했다가 현실적인 어려움에 부딪쳐 서로 기피하는 사업이 된 경우에도 피하지 않고 맡았다.

어떻게 해서든지 해결하려고 노력했다. '뜻이 있는 곳에 길이 있다'라는 말과 같이 대부분 어려움 속에서도 해결 방법을 찾아 성공을 거두었다. 운이 따른 덕분이기도 하지만 의지가 있다면 안 되는 일이 없고 노력하는 자만이 얻을 수 있다는 진리를 일깨워 주었다.

조심해야 할 '놀부의 비극'

2013년 2월, 나는 국방대학교 안보과정에 입교했다. 지난 25년간 외교 관으로서 거의 매일 바쁜 시간을 보내온 나에게 1년 동안 연구할 수 있는 시간이 주어진 것이다.

이제 오랫동안 품어왔던 의문에 대한 해답을 찾을 수 있을지도 모른 다는 희망이 솟구쳤다. 역사에 전례를 찾아보기 힘들 정도의 대승리를 거두었던 한니발이나 나폴레옹 같은 영웅들이 왜 비참한 종말을 맞이 했는지, 임진왜란 당시 선조는 어찌하여 이순신 장군과 같은 명장名將 을 파직하고 원균을 임명하여 연전연승連戰連勝하던 조선 수군을 거의 전멸시켰는지, 그 원인을 한번 규명해보고 싶었다.

열심히 공부한 덕분인지 가을쯤 해서 나는 '바로 이거였구나.' 하는 확신을 가지게 되었다. 결론은 인간은 우연히 한번 성공한 방법이 있으면 시간이 흐르고 환경이 바뀌어도 똑같이 적용하는 본성이 있어 결국 비극을 맞이하게 된다는 것이었다.

이러한 현상은 우리가 잘 알고 있는《흥부와 놀부》이야기에서도 찾아볼 수 있다.

일반적으로《흥부와 놀부》는 착하게 살면 복을 받고 그렇지 않으면 벌을 받는다는 권선징악勸善懲惡의 대표적인 고전으로 알려져 있다. 하지만 이 작품을 다른 각도에서 분석해 본다면 재미있는 결론에 도달할 수 있을 것이다.

우선 흥부는 별다른 생각 없이 다리가 부러진 제비가 불쌍해 치료해 주다가 거금巨金을 벌었다. 흥부의 성공에 놀란 놀부도 이 방법을 사용하여 큰 돈을 벌고자 시도한다. 그러나 그는 다리가 부러진 제비를 찾을 수가 없었다. 그럼에도 불구하고 놀부는 흥부의 성공방식을 고집하여 멀쩡한 제비를 잡아 다리를 부러뜨리고 치료해 주는 무리수를 두게 되었다. 결과적으로 놀부는 비극적인 종말을 맞게 된다.

여기서 흥부와 놀부라는 사람을 현대적인 시각에서 바라본다면 우리 주위에서도 쉽게 만날 수 있다. 우연히 사게 된 주식이 가격이 폭등하면서 큰 이익을 본 사람이 있다. 그는 더 큰 돈을 벌기 위해 은행에서 거금을 빌려 같은 주식을 대량으로 구매하였다. 하지만 그는 주식이 폭락하는 바람에 본전을 다 날린 것은 물론 엄청난 빚을 지게 되었다.

오늘날 이같은 비극은 드물지 않게 볼 수 있다. 나는 우연히 크게 성공한 사람이 시간이 지나 환경이 바뀌었는데도 동일한 방법을 사용하다가 큰 실패를 겪게 되는 이러한 현상에 '놀부의 비극' 패러다임이라는 이름을 붙여보았다.

이것은 《흥부와 놀부》 이야기가 현대판 인간사에도 동일한 원칙이 적용될 수 있다는 것을 보여주었다. 이 이론을 세계적으로 유명한 전투들에 대입해 보았더니 그 의미가 보다 분명해지는 것을 알 수 있었다.

칸나이 전투와 자마 전투

B.C. 216년 이탈리아 칸나이에서 벌어졌던 전투는 한니발의 카르타고군이 수적으로 2배 이상 많았던 로마군을 포위하여 거의 전멸(7만여 명 전사)시킨 유명한 전투다. 오늘날 전 세계 육군사관학교의 교과서에 포위섬멸전의 대표적인 사례로 수록되었을 정도다.

그러나 그로부터 14년이 지난 B.C. 202년 카르타고의 자마 전투에서는 완전히 다른 전투 결과를 보여준다. 카르타고의 한니발이 같은 전술을 구사하다가 로마의 스키피오에게 대패를 당한 것이다.

칸나이 전투 이후 스키피오는 로마군이 패배한 원인이 기병의 열세와 한니발의 코끼리 부대에 적절히 대처하지 못한 점이라고 분석했다. 따라서 스키피오는 기병 전력 강화에 심혈을 기울였다. 그리하여 자마 전투에 제대로 된 기병을 한니발의 기병보다 2배 이상 많이 투입했다. 수적으로만 보면 칸나이 전투 때와 다를 바 없었지만 로마 기병의 견력은 달라졌다. 스키피오는 또 코끼리 부대의 공격에 대비해 전 병사에게 나팔을 지급했다.

한니발은 이러한 변화를 파악하지 못했다. 한니발은 여전히 칸나이에서 승리한 것처럼 로마군을 물리칠 수 있을 거라고만 생각하고 별다른 준비없이 동일한 전술로 맞섰다.

전투가 시작되자 나팔소리에 놀란 코끼리들이 도망치면서 오히려 카르타고 군을 공격하는 바람에 큰 타격을 입게 되었다. 결정적으로 기병의 약세로 대패하고 말았다.

한산도대첩과 칠천량해전

임진왜란 당시 이순신 장군이 한산도에서 유명한 학익진鶴翼陣 전법으로 왜군의 함선 73척을 침몰시키고 대승을 거둔 한산도대첩은 우리에겐 너무나 유명한 전투다. 그러나 몇 년 뒤 모함에 의해 이순신 장군이 파직당하고 원균이 칠천량에서 전함 160척을 잃고 대패한 사실은 널리 알려져 있지 않다. 당시 조선 수군의 주력함이었던 판옥선은 왜군의 배보다 5~8배 정도 컸다. 따라서 원균의 칠천량 패전은 따지고 보면 한산도 대첩의 승리보다 10배 이상 되는 엄청난 손실이었다.

임진왜란 당시 우리 수군의 함선은 크고 우수한 대포를 많이 싣고 있었던 반면 속도가 느렸다. 이에 반해 대부분의 일본군 배는 작고 대포가 없어 속도가 빨랐다.

그러므로 일본군의 전법은 최대한 빨리 우리 수군의 함선에 접근하여 쇠갈고리를 이용하여 우리 함선에 올라탄 후 자신들의 장기인 칼로 근접전을 벌이는 것이었다. 따라서 이순신 장군이 왜선들을 한산도 앞바다로 유인한 뒤 일정한 거리를 두고 대포로 공격한 것은 아주 탁월한 전술이었다고 할 수 있다.

이순신 장군의 이러한 대승은 밖에서 구경하던 선조를 비롯한 조정의 대신들에게 위험한 환상을 심어 주었다. 부산 앞바다에 모여 있는 왜선들을 이렇게 대포로 공격하여 전부 침몰시키면 전쟁이 쉽게 끝날 수 있겠다고 생각한 것이다.

그래서 선조는 이순신에게 함대를 이끌고 부산으로 가서 공격할 것을 명령했다. 이를 거부한 이순신이 파직당하면서 원균이 그 임무를 수행하겠다고 부산으로 출정하게 되었다.

여기서 선조나 권율 등 조선의 지도부가 간과한 것이 있었다. 조선의 주력함인 판옥선은 너무 무거워서 노를 젓는 사람들이 금방 지치기 때문에 몇 백 km나 떨어진 부산까지 가려면 자주 쉬어야 한다는 점이었다. 그럼에도 불구하고 왜선들이 집단적으로 먼저 공격해 오면 가는 도중에 대포로 공격할 수 있었겠지만 한산도 패전이후 왜선들은 숨어서 모습을 드러내지 않았다.

결국 1597년 8월 27일 이른 아침, 힘든 항해에 지쳐 칠천량에서 정박하여 쉬고 있던 조선 수군은 일본군에게 포위당하여 전멸당하고 만다. 일본군은 사다리를 이용하여 조선의 함선에 뛰어 올라 자신들의 장기인 칼싸움으로 조선 수군을 일방적으로 공격했다. 우리 수군은 그 우수한 대포들을 제대로 한 번 쏘아 보지도 못하고 허무하게 쓰러져갔다.

제1차 세계대전 참호전과 전격전

제1차 세계대전은 참호에 숨어 있다가 나와서 적군의 철조망 사이를 뚫고 공격하는 참호전이었다. 이러한 전투 방식은 그 당시 등장한 기관총에 의해 양쪽 모두 막대한 사상자만 내게 되었고 이렇다 할 전과를 거두지 못하였다.

이런 교착 상태를 타개하기 위해 독일군은 독가스를 사용했고, 영국과 프랑스는 탱크를 발명해 냈다. 탱크는 독일군의 철조망과 기관총 공격을 뚫고 공격하는 데 탁월한 효과를 냈다.

하지만 전쟁이 끝난 후 프랑스와 독일은 신무기인 탱크를 사용한 방법이 전혀 달랐다.

프랑스는 탱크를 보병의 보조 수단으로 간주하여 보병사단에 분산 배치하는 정도에서 기본적으로 참호전 개념에 입각한 대규모 요새인 마지노선Maginot Line을 구축한다. 1927년 착공하여 1936년 완공된 마지노선 건설에 160억 프랑이 소요되었는데 이는 현재 가치로 3조 달러에 해당하는 막대한 금액이다. 이에 반해 독일군은 탱크를 집단적으로 사용하는 기갑사단을 만들고 항공기와 탱크가 입체적으로 동시 공격하는 전격전 개념을 도입했다.

이에 제2차 세계대전은 마지노선이라는 프랑스군의 방패에 맞서 독일군의 기갑사단이라는 창이 겨루게 된 셈이다. 그러나 전투가 시작된 지 한 달이 채 되지 않은 기간에 독일군의 완승으로 싱겁게 끝이 나게 된 것이다.

프랑스인들이 마지노선으로 대표되는 새로운 참호전을 고집하게 된 이유는 제1차 세계대전에서 고전은 했지만 어쨌든 참호전으로 강적인 독일을 이겼다는 생각에 심취해 변화한 적을 제대로 파악하지 못했기 때문이다.

이런 사례들을 분석해 보면 공통적인 특징을 발견할 수 있다. 한니 발과 프랑스의 경우에는 상황이 바뀌었는데도 과거에 자신에게 큰 성공을 가져다 준 방법에 집착하여 대패大敗를 하게 되었다. 이 경우에는 흥부와 놀부가 동일인이라고 할 수 있다. 임진왜란의 경우는 이순신 장군이라는 흥부가 한산도에서 거둔 대단한 승리를 본 선조와 원균이라는 놀부가 흥부의 전술을 흉내 내어 대함대를 이끌고 부산까지 가서 왜군 함선들을 섬멸시키려다 오히려 가는 동안 매복하여 기다리고 있던 적군에 의해 전멸당한 사례인 것이다.

항우들이 쉽게 빠지는 함정

요즈음 외교부의 위상이 현저하게 추락했다. 그 이유로 여러 가지를 꼽을 수 있겠지만, 무엇보다도 외교부 간부들이 과거에 성공했던 방법에 집착하여 변화된 시대적 요구에 제대로 부응하지 못했기 때문이라고 생각한다. 즉, 외교부 간부들도 '놀부의 비극' 패러다임에 빠졌기 때문이라는 말이다.

내가 외교부에 처음 입부했던 30여 년 전만 해도 우리 외교관들은 영어를 잘 구사하고 상대국 외교부와 무난하게 교섭을 하면 그것으로 충분했다. 따라서 간부들은 직원들의 영어 실력을 매우 중요하게 생각했다. 특히 영어 연설문을 잘 쓰는지 여부가 엘리트의 척도로 간주되기도 했다.

이러한 의식은 여전히 외교부 간부들에게 깊이 뿌리박혀 있어 쉽게 바뀌지 않고 있다. 이로써 외교관은 사람들을 만나 진짜 '외교' 업무를 잘하기보다는 사무실에서 밤새 영어 연설문을 작성하는 일에 혼신을 다하는 것을 자랑스레 여기는 문화가 여전하다.

하지만 지금은 글로벌 시대, 4차혁명의 시대다. 영어 하나 잘한다고 훌륭한 외교관으로 대접받을 수 있는 시절은 이미 오래 전에 지나갔다.

최근 한일 간 위안부협상에서도 드러났듯이 이제는 상대국과 어려운 과정을 거쳐 힘들게 합의하였다고 해도 무조건 국민들이 동의해주는 시대도 아니다. 중요한 민족적인 이슈일수록 상대방과 협의하는 과정에서 국내 당사자들과 언론 및 국민의 이해와 동의를 구하는 것이 필수요건으로 등장한 것이다.

지금은 누구나 대국민외교가 중요하다는 것을 잘 알고 있고 외교부에는 공공외교대사라는 자리까지 생겼다. 하지만 그런 필요성을 잘 아는 것과 실제로 현장에서 잘 적용하는 것은 별개의 문제다. 우리는 학교 다닐 때부터 주입식 교육에 익숙해져 있는 데다 신규 외교관 교육과정에서도 상대방을 설득하는 기술에 대하여 별도의 교육을 받지 않는 관계로 이런 분야에 매우 취약하다고 할 수 있다.

그런데 과거를 거슬러 올라가 보면 이러한 행동양식은 외교관뿐만 아니라 우리 사회 엘리트가 지닌 거의 공통된 특징이라는 점에 주목하게 된다. 우리 사회의 엘리트들은 대부분 혼자 열심히 공부하여 시험을 잘 치는 방식으로 사회적인 성공을 이룬, 말하자면 홀로 잘난 항우 같은 스타일이 많다.

중국 진나라 말기에 한나라의 유방과 격돌했던 초나라 항우는 9척 장신에 용맹하기가 이를 데 없었다. 새까만 오추마를 타고 전장에 나가면 적병들이 그를 보는 것만으로도 두려워 도망을 갔다는 인물이다. 70번의 전투에서 진 적이 한 번도 없다고 한다.

우리 사회의 엘리트들 중에도 항우처럼 다른 사람이 범접하기 어려운 성적이나 학문적 업적을 이룬 사람들이 많다. 이런 사람들이 빠지기 쉬운 함정은 바로 자신의 방법이 언제나 옳다는 신념이다. 스스로 공부하고 시험을 봐왔던 그대로 주어진 업무를 해결할 수 있다는 믿음이 있고, 한번 성공하게 되면 그 방식을 고수하려는 보수적 성향이 강하다.

하지만 역사 속 항우에서 찾아볼 수 있듯이 이런 사람들은 주변의 변화에 민감하지 못하다는 약점이 있다. 항우는 판세의 변화를 읽는 능력이 없었다. 자신의 손에 죽을 뻔했던 유방이 부하들을 잘 연합하여 덕장이 되어가는 것을 알지 못했고, 자신에게 충성을 맹세했던 신하들이 배신을 꿈꾸기 시작했다는 것도 눈치 채지 못했다. 예전의 방식대로 신하들을 무시하고 자존심만 앞세우던 항우는 결국 천자가 되겠다는 꿈을 이루지 못한 채 역사의 조연이 되고 말았다.

이처럼 타고난 기량이 뛰어나고 평소 실패를 해본 적이 별로 없는 항우 같은 사람들은 이 '놀부의 비극' 패러다임에 더 쉽게 말릴 수 있는 것이다.

'놀부의 비극'을 피하는 유방의 기술

항우를 쓰러뜨리고 천자의 자리에 오른 한나라 유방은 사실 처음에는 뭐 하나 내세울 것이 없는 인물이었다. 평민 출신이라 배운 것이 별로 없었으며 배포도 크지 못했다.

하지만 그는 남의 말을 귀담아 들으면서도 그것을 자신만의 방법으로 재조립할 줄 아는 사람이었다. 포커 판의 고수처럼 자기 패를 먼저 꺼내지 않고 남의 표정을 살피면서 남의 패를 역이용할 줄 알았다. 이것은 변화를 감지할 줄 아는 능력이기 때문에 '놀부의 비극을 피하는 기술'을 알았다고 할 수 있다.

지도자의 위치에서 아랫사람의 의견에 귀를 기울이고 시의적절하게 실행에 옮기는 것은 말이 쉽지 누구나 할 수 있는 일이 아니다. 유방은 선천적으로 타고난 기질 즉, 사람을 잘 관리하는 능력 덕분에 중국을 발아래에 두는 천자의 위치에 오를 수 있었던 것이다.

이러한 유방의 관리능력은 그처럼 타고나지 않았다 하더라도 교육을 통해서 얼마든지 개발이 가능하다. 안타깝게도 우리나라 교육제도가 주로 교사의 가르침대로 학생은 암기하는 데 주력하는 주입식이었던 관계로 상대방과 소통하고 설득하는 것을 배우는 데 익숙하지 않았을 뿐이다.

한국의 교육제도는 개인적인 능력을 최대로 발휘할 수 있는 '항우'형을 키우는 데 중점을 두어 왔다고 할 수 있다. 그래서 시키는 대로 외워서 점수를 잘 받고 시험을 통과하여 1등이 되면 된다는 생각이 지배적이다.

사회에 나가서도 내가 맡은 일만 잘 하면 된다고 생각하기 쉽다. 하지만 이것은 직급이 낮은 실무 직원일 때에나 해당되는 일이다. 아랫사람이 생기면서부터, 그러니까 외교부로 치면 과장 이상의 직급부터는 어떤 일이든 최대의 시너지 효과를 내려면 직원들의 애로사항들을 보살펴주면서 부원 전체가 화합이 되도록 살펴야만 한다.

인생의 초반기에는 뛰어난 능력을 가진 항우 스타일이 성공할 수 있다. 그러나 시간이 흐를수록 사람을 잘 관리하는 능력을 가진 유방 스타일이 결국 이기는 것이다. 그러므로 조직에서 중요한 위치로 가면 갈수록 '유방'형 인재가 요구될 것이다.

거기에는 필수적으로 갖추어야 하는 역량이 있다. 바로 상대방을 설득하는 교섭기술이다. 설득을 한다는 것은 상대방이 원래 가지고 있던 생각에서 벗어나 나의 주장에 동조하면서 결과적으로 나에게 유리한 행동을 하도록 유도한다는 말이다.

이것은 나의 주장만을 일방적으로 늘어놓아서는 결코 이룰 수 없다. 먼저 상대방을 파악하고 그의 성향에 맞춰서 대응해야 하기 때문에 상대의 변화에 민감하게 반응해야만 한다. 이런 기술은 사실 대기업을 중심으로 세일즈맨을 위한 교섭 방법으로 오래전부터 개발되고 발전되어 왔다.

하지만 1973년 미국 국무부가 하버드대학의 맥클리란드McClelland 교수에게 의뢰해 개발한 해외근무 직원 선발을 위한 평가체계인 역량평가Competency Assessment를 도입하면서 정부 부처에서도 교섭기술을 중요하게 다루게 되었다. 이후 교섭기술에 대한 교육과 이를 바탕으로 한 역량평가는 미국 행정부 전 부처로 확대되어 실시되고 있다. 다수의 다른 나라에서도 현재 인재 선발 및 평가 기준으로 교섭기술을 바탕으로 한 역량평가 제도를 적극 활용하고 있다.

우리나라에서도 여러 정부기관 및 민간 기업에서 역량평가를 실시하고 있다. 외교부에서는 2005년 외교역량 강화방안을 구상하고 외교역량평가 및 외교역량개발교육을 제도화하였으며 공사급 및 참사관급 진입 대상자의 자격 심사 요소에 '역량평가 통과여부'를 추가하여 인사관리를 해오고 있다.

하지만 우리나라에서 현재까지 실시해 온 역량평가의 핵심은 바로 교섭능력을 측정하는 것이다. 이 방식은 교섭역량을 개발시켜 주지 못한다는 한계점을 가지고 있다.

물론 우리 정부 부처들에서도 역량평가를 하기 직전 일주일간 교섭 기술에 대해 교육을 시키지만 시간이 턱없이 부족하다. 게다가 대부분이 많은 수강생을 상대로 한 명의 강사가 강의하는 형식으로 진행되고 있는 점도 제약요건이라고 할 수 있다.

나는 1980년대 초반 한국IBM에 다닐 때 이 기술을 1년 동안 집중적으로 교육받았다. 교육 방식은 강의 형식이 아니고 강사와 직원이 1:1로 20분간 시간을 정해 놓고 실전과 같이 교섭하는 훈련을 했다. 처음에는 별로 소용이 없다고 생각하여 열심히 하지 않았지만 매일 반복하여 교육을 받는 바람에 자연스럽게 꽤 숙달이 되었다. 덕분에 나중에 외교현장에서 아주 유용하게 사용할 수 있었다. 또한 개인적으로 어려운 일을 해결하는 데에도 큰 도움이 되었다.

'교섭의 기술'로 승부하라

외교부에서 이런저런 일들을 감당하다 보니 내가 한국IBM에서 배운 교섭기술이 아주 유용하다는 것을 알게 되었다. 사실 배울 당시나 배운 직후에도 '이게 쓸 데가 있을까' 싶었는데 전혀 상관이 없어 보이는 외교현장에서, 또 나의 개인적인 생활에서도 교섭기술은 꽤나 강력한 무기가 되었다.

내가 배웠던 교섭기술은 LSPLogical Selling Process이다. '논리적인 판매과정'이라고 번역할 수 있는, 말 그대로 감정보다는 논리를 중요시하는 교섭 방법이다.

일반적으로 '교섭' 또는 '협상'이라고 하면 우리는 한미정상회담이나 통상협상 같은 규모가 큰 행사를 떠올리기 쉽다. 그러나 이렇게 큰 회담이나 협상은 사전에 실무진끼리 입장 조율을 거의 한 다음에 시행된다. 이미 정해진 정부의 입장이 있을 뿐만 아니라 국민과 언론 등이 지켜보고 있기 때문에 수석대표라고 해도 회담 시 자신이 독자적으로 결정할 수 있는 사안이 매우 제한되어 있다. 사실상 교섭이 이루어지는 현장이라고 하기는 어렵다. 오히려 진짜 교섭은 우리가 살아가는 동안 알게 모르게 매일 하고 있는 것일 수 있다.

말 한마디로 천 냥 빚을 갚는 기술

인간은 사회적 동물이기 때문에 항상 타인들과의 관계 속에서 살아갈 수밖에 없다. 직장에서는 상사, 동료 및 후배가 있다. 집에서는 부모, 배우자, 자식 및 친척들이 있다. 공무원의 경우에는 추가적으로 국민, 언론 및 국회 등에 신경 써야 한다. 회사원일 경우에는 무엇보다 고객 관리가 중요할 것이다.

내가 말하고자 하는 '교섭의 기술'은 우리 주위에 있는 중요한 사람들과의 관계를 좋은 상태로 유지시키면서도 만약 일이 잘못되어 위기 상황에 봉착하게 되더라도 현장에서 즉시 효과적으로 극복할 수 있는 노하우knowhow를 의미한다.

어떻게 보면 LSP는 '말 한마디로 천 냥 빚을 갚는 기술'이라고 할 수 있다. 이는 다른 측면에서 보면 약자弱者에게 필요한 기술이라고 할 수 있다. 즉 천 냥을 빌린 사람에게 필요한 기술이라고 할 수 있다.

이런 이유로 LSP가 물건을 팔아야 하는 영업직원을 중심으로 민간 회사에서 발전되어 온 것은 당연하다고 할 수 있다. 나는 민간회사에서 우연히 배웠던 LSP를 외교에 적용했다고 할 수 있다.

'약자의 기술'이라고 할 수 있는 LSP는 우리 모두에게 적용될 수 있다. 왜냐하면 절대적인 강자強者로 보이는 사람들도 경우에 따라서는 약자가 될 수 있기 때문이다.

세계에서 가장 강한 힘을 가졌다고 할 수 있는 미국의 대통령도 자신의 유권자인 미국 국민들 앞에서는 약자이고, 영업사원에게 영원한 강자로 보이는 대기업 사장도 돈을 빌려 주는 은행장 앞에서는 약해질 수밖에 없는 것이 현실이다.

나는 LSP를 외교 현장에 적용하여 만족할 만한 결과를 적지 않게 거두었다. 여기서 소개할 현장 사례들 외에 개인적으로 나의 가족과 관련한 일도 LSP 덕을 많이 보았다.

항상 남의 입장에서 생각하는 것이 습관이 되다시피 하니 집안에서도 전과는 달리 아내나 자녀들 입장에서 생각하게 되면서 예전보다 훨씬 화목해지고 일들도 잘 풀리는 것 같았다.

이 기술을 배워 둔 덕에 주위에서 이혼하려던 부부를 설득하여 다시 잘 살게 해주기도 하고, 사업에 실패하여 생을 마감하려던 기업인에게 다시 일어설 수 있는 용기를 불어 넣어주기도 했다.

사실 1980년대 초, 이 기술을 처음 배웠을 때는 세일즈 현장에서조차 써먹을 수 있을까 의아하게 생각했다. 36년 전 한국 IBM에서 교육을 받을 때 나는 컴퓨터 강의가 훨씬 더 중요하다고 생각하여 교섭기술에는 별다른 신경을 쓰지 않았다.

경영대를 졸업했으면서도 영업부 직원이 고객을 설득하는 데 별다른 기술이 필요하지 않다고 생각했다. 비싼 술집에 데리고 가서 접대한 후에 "형님, 한 대 사시죠." 하면 충분하다고 생각했다. 고객에게 아부만 잘 하면 그것으로 된다고 생각했던 것이다.

나의 이런 생각은 외교관이 되어 다양한 사람들과 본격 교섭을 하게 되면서 서서히 바뀌어갔다. 그리고 상대방에게 아부하는 것과 교섭기술에서 말하는 기분 좋게 하는 것에는 많은 차이가 있다는 것을 깨닫게 되었다.

아부는 못생긴 사람에게도 잘생겼다고 얘기하는 것을 말하며 이때 자신이 그리 잘생기지 않았다고 생각하는 사람이라면 오히려 역효과가 날 수도 있다. 하지만 교섭기술에서는 자신이 스스로 잘생겼다고 생각하고 있는 사람에게 이런저런 이유로 잘생겼다고 얘기하는 것이기 때문에 큰 효과를 볼 수 있는 것이다.

LSP는 그 이름에서 알 수 있듯 결과보다 과정을 중요하게 생각하는 기술이다. 과정이 맞으면 결과는 당연히 좋게 나온다고 전제하는 것이다. 처음 이 개념을 접했을 때 나는 1978년도에 내가 대학 시험을 칠 때 예비고사(현 수능시험)와 더불어 보았던 본고사가 생각났다. 당시 본고사의 수학문제는 주관식으로 나왔는데 답보다도 문제를 푸는 과정에 큰 점수가 배당되었다.

내가 배운 교섭기술인 LSP도 이와 비슷하다고 할 수 있다. 이 기술은 포커poker의 원리와도 비슷하다는 생각이 든다.

나는 포커를 잘 못했기 때문에 대학 4학년 때 포커의 고수들이 모여 게임을 하던 곳에 자주 놀러 가서 유심히 관찰하곤 했다. 나와 같은 하수는 패를 받으면 무슨 패가 들어왔는지 궁금해서 자기 패부터 열심히 보게 되고 또 패가 좋고 나쁜 것에 대한 기쁨과 실망이 금방 얼굴에 드러난다.

반면 고수들은 패를 받으면 자기 패를 보는 척하면서 상대방의 표정을 살펴 대략 어떤 패가 들어왔는지 판단한다. 또 그들은 항상 무표정한 상태를 유지함으로써 상대방이 자신의 얼굴 표정을 보고 패가 좋고 나쁜 것을 판단할 수 없도록 한다는 것도 파악하게 되었다.

나의 패보다는 남의 패를 읽는 것이 중요하며 자기 패는 남에게 읽히지 않도록 한다는 포커의 기본 원칙은 교섭기술과 일맥상통한다고도 볼 수 있다.

LSP 6단계와 키포인트

LSP는 다음의 6가지의 단계로 구성되어 있다. 인사Greetings, 친밀감표시(라뽀Rapport) 상대방의 입장에서 이야기하기, 상대방이 필요로 하는 사항 종합, 반론 대응Objection Handling, 끝인사 및 차기 면담약속 등이다.

이 6가지 단계 이전에 반드시 필요한 것이 있다. 바로 면담 대상 고객이나 회사에 대해 자세한 정보를 수집하는 준비 단계이다. 실제 면담에서는 이 준비 과정이 매우 중요하고 필수적이다.

그러나 어찌 보면 너무 기본적이고 당연한 것이기 때문에 대다수 회사들이 이러한 상황분석은 이미 끝났다고 가정하고 교섭의 기술을 전수하고 있다.

내가 IBM에서 배운 교섭기술 역시 마찬가지였다. 이 6단계의 LSP는 세일즈맨이 고객을 만날 때뿐 아니라 재외공관에서 근무하는 외교관이 주재국 인사들을 만나는 상황에서도 적용된다. 성공적인 면담과 교섭이 이루어지려면 어디에서든 LSP의 6단계가 유기적으로 물 흐르듯 연결되어야 하는 것이다.

그런데 내가 여러 종류의 교섭을 거듭하다 보니 그 중에서도 특히 중요하다고 느꼈던 것이 세 가지였다. 바로 친밀감 표시(라뽀), 상대방의 입장에서 이야기하기, 그리고 반론 대응이었다.

친밀감 표시, 라뽀

업무로 바쁜 와중에 외부 인사들과 어쩔 수 없이 면담하게 되는 경우에는 그들이 열심히 설명하는 내용을 진지하게 경청하기보다는 예의상 들어주는 모습을 보일 때가 있다. 이미 우리의 입장은 정해 놓고 건성으로 듣는 경우도 적지 않게 경험해봤을 것이다.

면담에서 본론으로 들어가기 전에 사용되는 라뽀는 처음부터 아예 들을 생각이 없는 상대방으로 하여금 내가 설명하는 내용을 진지하게 경청하도록 분위기를 만드는 기술이라고 할 수 있다.

라뽀의 종류는 매우 다양하지만 대개 상대방이 좋아할 수 있는 토픽을 많이 이야기하게 된다. 사람들은 일반적으로 자녀나 취미생활에 대해 말하는 것을 좋아하므로 이러한 주제들이 라뽀로 많이 활용된다.

하지만 면담 상대방에 대한 정보 없이 처음 만나게 되는 상황에서는 이런 종류의 라뽀를 사용할 수 없다는 문제가 발생한다. 이럴 경우에는 어쩔 수 없이 대화하면서 상대방이 좋아하는 것을 빨리 파악하여 라뽀로 사용할 수밖에 없다.

상대방 입장에서 얘기하기

재외공관에 근무하면서 주재국 외교부 직원을 만나야 하는 때는 우리가 아쉬운 경우가 대부분이다. 국제기구 선거에서 우리 후보에게 투표해달라고 하든지 아니면 북한 핵문제와 같은 주요 이슈와 관련하여 우리 정부의 입장을 지지해달라고 해야 하는 상황이 많이 생기기 때문이다.

따라서 주재국 인사들은 권한을 가지고 있는 '갑'이고 우리는 부탁을 해야 하는 '을'의 입장에 서게 된다. 그렇기 때문에 어떻게 해서든지 주재국의 지지를 얻어야 한다는 생각에 아쉬운 우리 입장만 강조하는 경우가 적지 않다. 그보다는 상대방의 입장에서 얘기하는 것이 중요한 포인트이다.

예를 들어 우리 후보나 정부 입장을 반드시 지지해달라고 계속 강조하기보다는 우리를 지지해줄 경우 주재국에 어떤 이익이 생기는가를 차분히 설명해주는 것이 보다 큰 효과를 거둘 수 있다. 어떻게 보면 별 차이가 없는 것 같아 보이지만 현장에서의 결과는 많이 다를 수 있다.

내가 처음 LSP를 배웠던 IBM에서는 상대방에 따라 대화의 내용을 다르게 하는 훈련을 보다 효과적으로 실시하기 위하여 고객을 전산실장, 경리 담당 부사장 및 사장이라는 3가지 유형으로 나누어 면담 연습을 시켰다.

전산실장은 자신의 책임이라고 할 수 있는 컴퓨터의 성능 여부에만 관심이 있고 가격에는 별로 신경을 쓰지 않는다. 따라서 그와 면담을 할 때에는 자사 제품이 고장률이 매우 낮다는 것을 강조하면서 타사 제품은 그렇지 않다는 점을 부각시켜야 한다.

이와 반대로 경리 담당 부사장은 가격에만 관심이 있으므로 제품의 품질에 비하여 상대적으로 가격이 싸다는 얘기를 해야 한다.

사장을 만났을 때에는 성능과 가격 모두에 관심이 있는 만큼 양쪽 요소를 모두 강조하는 동시에 고객의 경쟁사에서 자사의 최신제품을 사용하고 있다는 등 회사 대표로서 관심을 가질 만한 대외적인 측면도 얘기하는 것이 좋다.

반론 대응

교섭과정에서 라뽀를 잘 사용하여 우호적인 분위기가 조성된 후 상대방의 입장에서 설득력 있게 우리 입장을 설명하였다 하더라도 마지막 부분에서 상대방이 제기하는 질문에 제대로 대응하지 못하면 전체 면담이 실패로 끝날 가능성이 크다.

상대방이 제기하는 의문이나 주장에 적절히 대답하는 반론 대응은 면담의 성패를 좌우한다고 할 수 있을 만큼 중요하다. 미리 철저하게 상대방의 논리를 분석하여 대응 논리를 갖추어야 하며 상대방 논리의 허점을 치고 들어가는 순발력도 필요한 단계이다. 이 반론 대응은 국제 회의에 참가하는 외교관이라면 반드시 갖추어야 하는 기술이다.

많은 국가의 대표들이 모인 국제회의에서 우리 외교관 A가 한국의 입장은 이렇다고 한 발언에 대해 타국의 대표가 이런저런 이유를 대면 서 잘못된 것이라고 주장했을 때 이를 논리적으로 반박하지 못한다면 어떻게 되겠는가?

A의 주장은 설득력을 상실하게 되고 우리 정부 입장은 지지받지 못 할 가능성이 커진다. 즉 국제회의에서 외교관이 반론 대응에 실패할 경 우 한 사람의 주장이 아니라 우리나라의 주장이 설득력을 잃어버리는 사태가 발생하는 것이다.

이처럼 LSP 중에서도 가장 중요한 단계는 친밀감 표시, 상대방 입장 에서 이야기하기, 반론 대응, 이렇게 세 가지이다. 그러나 현장에서는 LSP의 각 단계가 구분되어 실현되는 것이 아닌 만큼 각 단계가 조화롭 게 이루어지는 것이 중요하다.

교섭의 현장에서는 LSP의 각 단계 중 일부분이 두드러져 보일 수도 있으나 대체로 6단계가 거의 동시다발적으로 이루어질 수 있다.

운을 부르는 교섭의 기술 1

2장

말 한마디로
천 냥 빚을 갚다

말이 지니는 힘은 생각보다 강하다.
한 마디 말은 누군가에게
희망이 되기도 하고, 상처로 남기도 한다.

열심히 들어주라
영국 한인사회의 기피 인물

2007년 2월, 내가 영국에 부임했을 때 N은 이미 영국 교민사회에서 전설적인 인물로 평가받고 있었다.

그는 대사관저에 간장을 뿌리고 대사관 정문 유리를 다 깨버리기도 했다. 또한 영국을 공식 방문한 김대중 대통령과의 교민간담회 때 자신을 초대하지 않았다고 한인회장에게 벽돌을 던지는가 하면 한인교회에 벌거숭이로 나타나기도 했다. 여러 번 영국 경찰서 유치장에 갇히기도 했던 것 같지만 기가 죽기는커녕 그 후 더욱 의기양양하게 행동하여 교민들로부터 완전히 따돌림을 받고 있었다.

경제참사관을 2년 하다가 2009년 2월 총영사가 된 나는 N을 어떻게 다루어야 할 것인지 큰 문제에 봉착했다. 당시 N의 악명은 교민사회에서뿐만 아니라 대사관 직원들에게도 다 알려져 있었다. 오죽했으면 대사 부인이 이렇게 말할 정도였다.

"우리 대사관 총영사 업무의 70%는 N을 관리하는 것이다."

총영사로서 괴로운 점은 2~3일에 한 번씩 대사관을 찾아와 대사를 만나게 해 달라고 떼쓰는 N을 달래서 보내는 일이었다. 대사나 대사관 직원들이 N으로부터 자유롭게 지내기 위해서는 그가 대사관에 왔을 때 내 방에 모셔서 2~3시간씩 똑같은 얘기를 꾹 참고 들어주는 고역을 감내하는 수밖에 없었다.

N은 한쪽 다리를 약간 저는 70세 노인이었다. 초등학교 4학년 때 6·25전쟁이 일어나자 혼자 북한에서 남한으로 걸어서 피난 왔고, 영국에 와서는 일식집을 하다가 그만두고 노숙자들을 돕고 있다고 했다. 자녀들은 잘 커서 싱가포르 회사 등에서 많은 연봉을 받고 일한다고 자랑하곤 했다.

처음에는 N과의 대화가 짜증나기만 했는데 자꾸 듣다 보니 그가 돕고 있다는 영국의 노숙자들에 대해 점점 관심이 가기 시작했다. 우리 대사관 앞에도 새벽까지 노숙자들이 자다 간다는 얘기는 남의 일 같지가 않았다. 그리고 잘살다가 사업에 실패하여 노숙자가 된 영국 사람들의 사연을 듣다 보면 눈물이 나기도 했다.

종합해 보니 N의 불만은 두 가지였다. 첫째는 영국 교민들이 자신을 초등학교도 제대로 못 나왔다고 무시한다는 것이었고, 둘째는 노숙자들을 10년 넘게 열심히 도와주는 착한 일을 하고 있는데도 아무도 알아주지 않는다는 것이었다.

내가 N이 사비를 털어가면서 노숙자들을 도와주고 있는 점을 높이 평가하기 시작하자 그도 나에게 마음을 열기 시작했다. 그리고 영국 교민사회의 '비밀'들을 얘기해주곤 했다.

N과 친해지면서 평소 궁금하게 생각하던 것을 물어보았다.

"그런데 대사관저에는 왜 간장을 뿌렸습니까?"

N은 아무렇지도 않다는 듯이 태연하게 대답했다.

"그래도 대사라고 봐줘서 비싼 간장으로 뿌렸어."

나는 속에서 웃음이 나오는 것을 간신히 참았다.

N이 고정적으로 도와주고 있는 노숙자들은 대략 수십 명 정도인데 때에 따라서는 수백 명으로 늘어날 때도 있다고 했다. 그는 주로 자선단체에 가서 옷을 얻어 와서 노숙자들에게 나눠 준다든지, 자기 집에서 직접 만든 밥과 반찬을 갖다 주는 일을 했다. 이러다 보면 당연히 적지 않은 비용이 드는데 이것은 싱가포르의 대기업에 취직해 있는 아들이 매달 보내주는 생활비로 충당한다고 했다.

기피인물을 표창장 수상자로

2009년 가을쯤, 내가 평소에 잘 알고 지내던 동갑내기 영국인이 우리 교민들이 많이 살고 있는 런던 근교 킹스턴에서 1년 임기의 시장이 되었다. 킹스턴 시장은 주로 시 위원들 중에서 연로한 분이 맡았는데 그해에는 예외적으로 비교적 젊은 사람이 뽑혔다.

크리스마스 전날 저녁에 시장과 부부동반 식사를 같이 하게 되었다. 시장은 내년 3월에 킹스턴 시민들 중에서 지역사회에 공헌이 많은 분들을 선발하여 시장 표창장을 수여할 계획인데 한국 교민들 중에서 추천할 사람이 없는지 물었다.

그때 갑자기 N이 생각났다. 그래서 N이 10년 넘게 노숙자들을 위해 봉사하고 있다는 점을 강조하면서 표창장을 받을 자격이 충분하다고 강조했다. 이에 대해 시장은 훌륭한 일을 한 것은 틀림없지만 주로 런던 시내의 노숙자들을 도운 것이므로 관할이 다른 킹스턴 시에서 상을 주기는 곤란하다는 입장을 표명했다. 나는 영국인들을 10년 넘게 돕고 있는 행위가 중요하지 그까짓 관할이 뭐 그렇게 중요하냐면서 꼭 상을 줘야 한다고 강력하게 요구했다. 이러한 나의 막무가내 요구에 시장은 한걸음 물러서서 한번 생각해 보겠다고 대답했다.

몇 달 뒤 나는 N이 킹스턴 시장 표창장을 받게 되었다는 것을 알게 되었다. 킹스턴 시청에서 개최된 표창장 수여식 날, N은 다른 영국인 수상자들과 함께 흐뭇한 표정으로 앉아 있었다.

나는 N이 시장상을 받게 되자 그 못지않게 흥분되었다. 원래 규정상 해당이 되지 않는데도 불구하고 상을 주기로 한 시장이 너무 고마웠다. 나는 평소 친하게 지내던 교민신문 시장들에게 N의 수상 소식을 1면 톱으로 보도해줄 것을 요청했고 그들은 적극 협조해 주었다.

다음 날 런던의 주요 교민신문 1면에 N이 영국 교민 역사상 최초로 킹스턴 시장상을 타게 되었다는 기사와 함께 표창장을 받고 기뻐하는 사진이 크게 실렸다.

며칠 뒤 N과 만난 나는 우선 영국 교민 역사상 처음으로 킹스턴 시장상을 타게 된 것을 축하해주었다. 덕담도 건넸다.

"이제 어르신께서는 우리 교민뿐만 아니라 영국인들도 존경하는 유명인사가 되셨으니 거기에 걸맞게 행동하셔야 되겠습니다."

그러자 N이 대답했다.

"그렇고말고. 당연히 그렇게 해야지."

그 후 N은 놀라울 정도로 점잖게 행동하기 시작했다.

"이 총영사가 도대체 어떻게 했기에 N이 저렇게 달라질 수 있느냐?"

어떤 원로교민은 나에게 이렇게 묻기도 했다.

2010년 여름 어느 날 나는 3년 반 동안의 영국 근무를 마치고 새로 발령이 난 모스크바에 있는 주러한국대사관으로 떠나게 되었다. 교민들이 공항에 나오는 수고를 하지 않도록 교민체육대회가 열리는 날 오전 7시 비행기로 떠나기로 했다.

새벽 5시경 우리 부부가 히드로공항에 도착했을 때 항공사 카운터 앞에 낯익은 얼굴이 보였다. N이었다. 그는 우리를 보자 불편한 다리를 이끌고 힘들게 다가왔다. 그는 내가 떠나는 것을 몹시 서운해 하면서 킹스턴 시장상을 타게 해준 것에 대해 다시 한 번 감사하다고 했다.

나는 가슴이 뭉클해져 옴을 느꼈다. 그리고 '태어날 때부터 나쁜 사람은 없는 거야!'라는 생각이 들었다.

약자를 우선 고려하라
영국한인회 분쟁 중재

2007년 3월, 임기 2년의 영국 한인회장 선거가 끝난 직후였다. 2등으로 탈락했던 P가 자신이 운영하던 동포신문에 이번 선거가 부정선거였다는 기사를 보도하며 재선거를 주장했다.

한인회장으로 당선된 J가 부정선거를 주도했다는 것이다. 이에 대하여 J측이 거부하자 지역 언론과 여론 등을 통한 격렬한 공방전이 전개되었다. P가 영국 법정에 한인회장 당선무효소송을 제기함으로써 급기야 비싼 영국 변호사들을 동원한 법정 분쟁으로 비화하였다.

이 싸움은 두 가지 비극적인 측면이 있었다. 지난 50년 동안 자타가 공인하는 모범 교민회로 국무총리 표창까지 받은 영국 교민사회가 원수지간으로 완전히 양분되어 버린 것과 영·호남이라는 지역 갈등까지

가미되어 상호 적대감이 날이 갈수록 악화되는 것이었다.

더욱이 식당, 여행사 및 학원 등을 운영하면서 힘들게 살아가고 있던 분쟁 당사자들의 입장에서는 비싼 소송에서 지는 순간 자신의 변호사비는 물론 상대방의 소송비까지 지불하기 위하여 자신의 집을 비롯한 거의 모든 재산을 잃게 된다는 사실이었다. 그러니 법정에서 이기는 것만이 유일한 살 길이라 생각하고 죽기 살기로 상대방을 공격하였다.

양측 간의 격렬한 싸움이 진정될 기미를 보이지 않고 오랫동안 계속되면서 상황이 악화되자 교민사회에도 큰 충격과 피해가 이어졌다. 교민들은 급기야 우리 대사관까지 거세게 비난하기 시작했다. 그간 분쟁을 해결하기 위하여 많은 노력을 경주했던 주영한국대사관 관계자들은 심한 허탈감을 느낄 수밖에 없었다.

특히 나와 함께 2007년 2월 영국에 부임했던 A 총영사는 도착한 직후 발생한 한인회 분쟁을 해결하기 위해 2년 동안 최선을 다했음에도 불구하고 사태가 더욱 악화되기만 하자 옆에서 보기에도 마음고생을 심하게 하는 것 같았다.

이러한 심각한 분쟁을 중재하기 위해 총영사뿐만 아니라 대사도 양측 대표를 대사관으로 불러 직접 설득에 나서기도 했다. 그러나 분쟁 당사자들은 자신들이 100% 옳고 상대방이 전적으로 잘못했다는 기존 입장에서 조금도 물러설 기색이 없었다.

비극적인 상황이 계속 악화되는 가운데 대사관에서 나와 친하게 지내고 있던 임기택 해양관(현 IMO 사무총장)이 나에게 총영사를 맡아 교민 분쟁을 해결해 줄 것을 강력하게 주장했다.

임 해양관에 따르면 교민들은 한인회 분쟁이 해결되지 못하고 있는 것이 대사관 잘못이라고 생각하여 대사관 직원들을 일부러 피하고 있으며 자기와 친하게 지내던 교민들조차 만나도 모르는 척한다고 괴로워했다.

"제 능력으로는 해결이 되지 않습니다."

나는 이렇게 말하면서 총영사를 맡을 의사가 없음을 분명히 했다. 임 해양관은 이후에도 기회가 있을 때마다 말하곤 했다.

"내가 볼 때 이 참사관은 해결할 수 있을 것 같고 대사관에서 총영사 자리가 인기는 없지만 교민들에게 얼마나 중요한 자리인지 다시 한 번 생각해보라."면서 내가 맡고 있었던 경제참사관을 그만두고 총영사를 맡을 것을 계속 권유했다.

그렇지만 나로서는 이미 원수지간이 되어버린 양편을 화해시킬 엄두가 나지 않았다. 뿐만 아니라 교민들의 어려운 경제 사정을 감안할 때 이미 수억 원 규모로 불어난 변호사 비용을 해결할 방법도 보이지 않아 임 해양관에게 계속 미안하다고만 했다.

그러다 내가 영국에 온 지 2년이 지났을 무렵 대사관에서 참사관급 인사이동이 있었다. 마침 A 총영사는 정무참사관으로 가게 되었고 총영사 자리가 비게 되었다. 이제 아무것도 모른 채 대사관에 새로 부임하는 한 참사관이 총영사를 맡게 될 것이었다. 나는 2년 동안 지켜봐온 간접 경험이라도 있지만 새로 올 총영사는 본인도 고생일 뿐만 아니라 교민 분쟁도 더욱 악화될 것 같아서 총영사를 자원하기로 했다.

나는 2년간 계속되고 있는 법정소송과 교민신문들을 통한 상호 인신공격 등으로 이미 오래전에 철천지원수가 된 양측을 화해시킬 수 있을 것이라고는 기대하지 않았다. 다만 총영사로서 최선을 다해 보겠다고 다짐했을 뿐이다.

총영사를 맡은 후 나는 런던지역의 7개 교민신문 사장들을 만났다. 신임 인사를 하면서 한인회 분쟁 원인과 해결 방안에 대한 의견을 들었다. 아무래도 대사관보다는 교민들과 같이 생활하고 있는 신문사에서 파악하고 있는 정보가 보다 많고 정확할 것이고, 지역 언론과 우호적인 관계를 구축해 놓는 것도 나중에 도움이 될 수 있을 것이라고 판단했기 때문이다.

교민신문 사장들로부터 설명을 듣고 내 나름대로 판단한 한인회 분쟁 해결의 핵심은 다음 세 가지였다.

첫째, 교민들 간에 2년째 진행되어 상호 간 막대한 비용을 발생시키고 있는 소송을 어떻게 빨리 중단시킬 것인가?

둘째, 이미 수억 원으로 늘어난 영국 변호사 비용을 어떤 식으로 갚을 것인가?

셋째, 분쟁당사자들 간에 깊어질 대로 깊어진 적대 감정을 어떻게 해소할 것이냐?

그런데 한 가지 이해가 되지 않았던 점은 우리 교민들이 그닥 부유하지 않은 상황에서 분명히 그 비싼 변호사 비용을 감당할 여력이 없는데도 왜 영국 변호사들이 기꺼이 사건을 수임했을까 하는 것이었다. 나는 영국 변호사들이 한인종합회관을 건립하기 위해 우리 교민들이 30년 이상 모아 왔던 14억 원에 달하는 한인회 기금에서 수임료를 받아낼 수 있을 것으로 생각하고 있다는 결론을 내렸다.

나는 그 기금을 지금처럼 은행예금으로 보유하고 있으면 변호사 비용으로 모두 탕진할 수 있다고 판단했다. 그래서 그동안 지지부진했던 한인종합회관용 건물 구입을 적극적으로 추진했다. 일단 건물을 구입하고 나면 교민들로부터 소송비용을 받기 어렵다는 판단을 하게 될 영국 변호사들이 계속 소송을 진행할 의지가 약화될 것이라 기대했던 것이다. 그런 다음 나는 우리 교민들이 많이 살고 있던 뉴몰던 지역에 매일 출근하다시피 하면서 분쟁 당사자들을 부지런히 만나고 다녔다.

나는 지난 2년간 우리 대사관의 중재 노력을 지켜보면서 이렇게 적대적인 관계에 있는 분쟁 당사자들을 같은 자리에 불러 공개적으로 화해를 권유하는 방식은 거의 효과가 없다고 생각했다. 이에 나는 양측의 분쟁 당사자들을 따로 찾아가서 그들의 억울한 심정과 울분을 몇 시간이고 들어주는 방법을 택했다.

특히 지난 한인회장 선거 때 부정행위를 한 것으로 교민들에게 인식되어 명분이나 힘의 측면에서 약자의 입장에 놓여 있던 J측과의 관계 구축에 힘을 쏟았다. J측 인사들은 그동안 아무도 자신들의 억울한 얘기를 귀담아 듣지 않았다면서 총영사가 충분히 들어주는 것만으로도 고마워했다. 그렇지만 P측은 신임 총영사가 J측 인사들을 만나는 것에 대해 불쾌감을 표시해왔다.

나는 2년간 원수처럼 지내왔던 사람들이 총영사의 중재로 갑자기 인간적인 화해를 하는 것은 불가능하다고 판단했다. 또한 그들이 화해하고 싶어도 이미 발생한 수억 원의 변호사 비용 문제가 해결되지 않으면 화해할 수도 없는 처지라는 점도 고려해야 했다.

이러한 현실적인 측면을 고려하여 나는 우선 양측의 소송을 중지시키고자 한인종합회관 건물을 재빨리 구입했다. 그러면서 영국 변호사들에게 소송을 맡아 봐야 수임료를 받기가 힘들 것이라는 인식을 심어주는 것을 당면 목표로 설정하고 열심히 양쪽을 설득하였다.

약자에게 퇴로를 열어주다

우선 분쟁 당사자들의 감정적인 측면을 완화시키기 위해 한인회 분쟁은 부정선거라기보다는 선거가 과열되어 발생했다고 규정지었다. 이는 특히 약자의 입장에서 그동안 온갖 비난을 받아온 탓에 화해를 더욱 강경하게 반대해왔던 J측에 퇴로를 열어주려는 시도였다. 또한 기왕 발생한 변호사비에 대해서는 한인종합회관 건립 기금에서 일부를 빌려주는 현실적인 방안도 제시하였다.

양측을 설득하러 다니느라 정신이 없던 가운데서도 나는 한 가지 재미있는 사실을 발견했다. 그것은 분쟁 당사자들이 대부분 독실한 기독교인이었다는 점이다. J측 핵심인사 두 명은 교회 장로였고 P측에는 성당을 다니는 사람들이 많았다.

런던한인성당에서 처와 함께 성가대로 봉사하고 있었던 나는 양측의 마음에 다가서기 위해서는 성경을 인용하는 것이 좋겠다고 생각했다. 그래서 그 당시 상황에 적합하다고 판단되었을 뿐만 아니라 내가 좋아했던 '네 원수를 용서하면 네가 구원을 받으리라'라는 구절을 양측 대표들을 만날 때마다 열정적으로 얘기했다.

지성이면 감천이라 했던가. 그 누구도 예상치 못했던 변화가 일어나기 시작했다. 분쟁 당사자들, 특히 그간 보다 강경한 입장을 고수하여 왔던 J측에서 심경의 변화를 보이면서 계속 진행되고 있었던 법정소송을 중지하자는 데에 양측이 합의하게 되었다.

2009년 3월 6일 양측 분쟁 당사자들은 중재자인 나의 입회하에 소송을 즉시 중지하겠다는 합의문에 서명하였다.

다음 날 런던의 모든 교민신문들은 영국한인회 분쟁이 마침내 해결되었다는 기사와 함께 양측 분쟁 당사자들과 내가 양손을 맞잡고 웃고 있는 사진을 1면 톱으로 크게 보도하였다.

한인회 분쟁 관련 소송을 즉시 중지하기로 한 합의는 2년 이상 영국 교민사회에 심각한 갈등과 분열을 가져왔던 분쟁을 사실상 종식시키는 결과를 가져왔다. 표면적으로는 법정소송만 중지된 것이었으나 교민신문들이 한인회 분쟁이 해결되었다고 크게 보도함으로써 분쟁 당사자 상호 간에 더 이상 공격하기 어려운 분위기가 조성된 덕분이었다.

내가 주영한국대사관 총영사 임기를 마치고 2010년 8월 러시아로 떠나게 되었을 때다. 송별 오찬을 함께 했던 J측 담당 영국 변호사가 웃으면서 말했다.

"그때 당신이 소송을 중지시키지 않으면 한인종합회관 기금은 변호사 수임료로 모두 사라졌을 겁니다. 내가 호주에서 건물주와 건축업자 간의 8만 불 규모의 건축비 소송을 맡은 적이 있었는데 양측 감정이 악화되면서 결국 변호사 비용만 80만 불이 나왔지요."

영국한인회 분쟁 사례는 나에게 있어서도 기존의 교섭들과는 다른 새로운 경험이었다. 지금까지의 교섭이 주로 나와 상대방이라는 1:1 방식인데 비해 이번 경우는 양측의 분쟁 당사자들과 중재자인 나와의 2:1 교섭이었던 것이다.

이 새로운 형태의 교섭에 있어서 나는 이미 원수지간이 된 당사자들을 대사관에 모아놓고 화해하라고 종용하는 것은 거의 효과가 없다고 판단했다. 양측이 중재자인 나의 말을 진지하게 들을 수 있는 분위기를 만드는 것, 즉 LSP상의 라뽀를 만드는 것이 무엇보다도 중요했다.

나는 거의 매일 양측을 따로 방문하여 분노에 찬 얘기를 끝까지 들어주고 동조해주기도 했던 것이 그들의 신뢰를 얻게 된 계기가 되었다고 본다. 특히 약자 입장에 있던 J측이 억울하다면서 오랜 시간 이야기하던 것을 진지한 태도로 경청한 것이 나의 의견에 귀를 기울일 수 있게 만든 중요한 계기가 되었다고 생각한다.

또한 이런 분쟁에서 약자 입장 측이 보다 강경한 태도를 취하는 것은 억울함에도 불구하고 강자들로부터 일방적으로 매도당하는 것에 대한 반발과 소송에서도 승산이 적어 경제적으로 보다 큰 피해를 입을 수 있다는 두려움 때문이라고 생각했다.

그러므로 이러한 분쟁을 종식시키기 위해서는 약자 입장에 있는 사람들의 입장에서 해결책을 모색해야 하는데 보통의 경우에는 대사관이나 중재자들이 보다 명분이 좋은 강자 편을 드는 경우가 많기 때문에 사태가 악화되는 경향이 있다.

영국 한인회의 분쟁과 같이 1:2로 교섭해야 하는 경우는 상대방의 입장에서 생각하라는 LSP의 원칙은 보다 약한 편의 입장을 더욱 고려하라는 것으로 수정하여 적용한다면 효과적일 것이다.

내가 영국 한인회장 부정선거의 주범으로 몰렸던 J측의 명예를 회복시켜 주기 위해 문제의 본질을 '선거부정'이 아니라 '선거과열'로 정의하였던 것이나 그간 발생한 수임료에 대하여 한인종합회관 기금에서 빌려주는 방법을 추진했던 것도 약자인 J측의 입장을 좀 더 고려한 것이라고 할 수 있다.

오랫동안 망설였던 총영사를 맡고 난 후 3주 만에 영국 한인회 분쟁이 해결됐다. 우리 교민들은 내가 주도하여 구입한 한인종합회관 건물을 만족스러워했다. 철도역 근처에 위치해 교통이 편리했던 한인종합회관 옆에 큰 영국 슈퍼마켓이 들어섬으로써 회관의 부동산 가치가 급상승했을 뿐만 아니라 주차장 문제도 해결되었기 때문이다.

먼저 상대를 칭찬하라
영국 국경청 책임자 면담

서방 선진국들 가운데서 출입국을 가장 까다롭게 통제하는 나라는 아마도 영국일 것이다. 영국은 영어의 종주국인 데다 사회보장제도가 잘 되어 있어서 일단 불법이라도 입국만 하면 최저생활은 보장될 뿐만 아니라 아이들이 영어를 무료로 배울 수 있는 장점이 있기 때문이다.

이런 연유로 영국 공항에서의 입국심사는 까다롭기로 유명하다. 출입국을 담당하는 국경청Border Agency은 영국 총리도 간섭하지 못한다고 할 정도로 강력한 권한을 가지고 있다.

따라서 입국비자를 받고 영국에 도착했다 하더라도 국경청 직원의 질문에 대답을 잘 하지 못하거나 의심스러운 점이 발견되면 공항에서 곧바로 입국이 거부되어 그다음 날 본국으로 돌아가야 했던 경우가 비일비재하다.

우리나라와 영국 간에는 비자면제협정이 체결되어 있어 관광이나 친지 방문이 목적일 경우에는 비자를 받지 않고 90일간 영국에 체류할 수 있다. 그러나 까다로운 출입국 제도 때문에 매년 수백 명에 달하는 우리 국민이 영국 공항에서 입국을 거부당하는 일이 발생했다.

이러한 상황은 우리 대사관에도 큰 부담이었다. 한·영 비자면제협정이 있는데도 불구하고 입국거부를 많이 당한다는 사실에 당사자는 물론 국민과 언론도 이해하기 힘들어 결국 한국대사관은 무얼 하고 있느냐는 불만이 터져 나오기 때문이다.

자국민이 불이익을 당했다 해도 대사관이 곧바로 주재국 정부에 항의하기가 쉽지 않은 문제 중 하나가 바로 출입국 관련 사항이다. 국제법상 어떤 국가도 타국의 국내문제에 간섭할 수 없다는 국내문제 불간섭의무가 있다. 출입국 제도야말로 타국 정부가 간섭할 수 없는 대표적 국내문제로 간주되고 있기 때문이다.

만약 자국 국민이 출입국 관련 불이익을 당하게 되면 우선 주재국 법령에 따른 구제절차가 진행된다. 그 결과가 다른 나라 국민의 경우와 비교하여 확실히 차별이 있다 판단될 때라야만 비로소 대사관이 나설 수 있다.

이런 연유로 우리 국민이 영국 공항에서 입국거부를 당했다고 해도 한국대사관이 곧바로 영국 정부에 이의를 제기할 수 없을 뿐만 아니라 우리 국민을 특별대우 해달라고 할 수도 없다. 이는 한국에 있는 외국

대사관들도 마찬가지이기 때문이다.

이럴 경우 우리 대사관이 할 수 있는 일은 총영사가 국경청 간부를 면담하여 한국 국민이 영어가 서툴러 입국시 질문을 잘 이해하지 못하는 경우가 있으니 이런 사항을 고려해 달라고 부탁하는 것 정도다. 하지만 이마저도 쉽지 않다. 우선 국경청 간부들을 만나기가 쉽지 않기 때문이다.

제임스 본드의 미소

나의 경우에도 주영한국대사관 총영사가 된 직후인 2009년 3월경 런던 히드로공항의 5개 터미널 중 우리 국민이 가장 많이 이용하고 있던 터미널의 국경청 책임자 A 국장에게 면담을 신청했는데 1년이 지나서야 만나주겠다는 연락을 받을 수 있었다.

면담 당일 동행한 H 영사와 함께 긴장된 마음으로 A 국장의 방으로 들어가면서 나는 매우 잘생긴 청년이 책상에 앉아 있는 것을 발견했다. 순간적으로 나는 A가 젊은 나이에도 불구하고 벌써 고위 관료가 된 것을 보니 영국의 명문대학을 졸업한 엘리트 간부임에 틀림없다는 생각이 들었다.

나는 A의 책상 앞에서 웃으면서 말했다.

"오늘 여기서 제임스 본드와 같은 미남을 만나게 될 줄은 꿈에도 몰랐습니다."

그 말 한마디에 A의 얼굴이 갑자기 환하게 밝아지면서 면담 내내 호의적인 반응을 보였다.

그는 내가 제기한 국경청의 한국인들에 대한 영국 입국거부 문제에 대해 한마디 이의도 제기하지 않았다. 오히려 미팅에 함께 배석했던 국경청 여직원에게 일반인의 출입이 제한된 위조여권 감별장소를 보여주라고 지시했다.

우리를 안내하면서 그 여직원은 자기 상사가 내 말 한마디에 너무 좋아하면서 보안시설까지 보여주라고 한 것이 못마땅했던지 "제임스 본드 좋아하네." 하며 혼자서 중얼거렸다.

몇 달 뒤 우리 대사관의 Y 공사가 국경청 본부 간부를 면담하고 와서 나에게 반가운 소식을 전해 주었다. 국경청은 내가 A 국장과의 면담 시 제기했던 문제점들을 빠짐없이 정리한 문서를 영국의 모든 공항과 항만의 국경청 직원들에게 배포하면서 한국인에 대한 입국심사 시 특히 유의할 것을 지시했다는 것이다.

나는 당시 A에게 다음과 같이 말했다.

"한국인들은 영어 문법에는 강하지만 회화가 상대적으로 약하다. 때문에 국경청 직원들의 질문을 제대로 이해하지 못해 불법체류 가능성이 높다는 오해를 받곤 한다. 하지만 한국인이 영국에서 불법체류할 가능성은 매우 적다. 왜냐하면 한국은 이미 오래 전에 OECD에 가입한 부유한 국가이다. 영국에서 불법 체류자들이 주로 종사하는 3D 직종에서 일하면서 어렵게 살아가고자 하는 한국 사람은 거의 없다.

영국을 방문하는 한국인은 기본적으로 영국에 대한 애정이 있다. 그런데 한국에서 12시간이나 비행기를 타고 와서 자신이 좋아했던 국가로부터 문전박대를 받아 쫓겨나게 되면 매우 서운할 것이다. 가까운 유럽 국가인들이 입국거부를 당하는 것과는 확연히 다른 감정을 느끼게 될 것이다. 이들은 한국으로 돌아가는 비행기에서 다시는 영국에 오지 않을 것이며 프랑스 등 다른 유럽 국가들만 방문하겠다고 결심할지도 모른다. 영국은 자신을 좋아하던 해외 팬을 잃게 될 뿐만 아니라 관광 수입 차원에서도 적지 않은 손실을 보게 될 가능성이 크다."

만약 내가 A와의 면담 시 우연히 사용한 '제임스 본드'라는 라뽀가 없었다면 A는 나의 얘기를 그렇게 열심히 호의적으로 듣지 않았을 뿐만 아니라 국경청 본부에 한국인들에 대한 특별 고려를 건의하지도 않았을 것이다.

그 면담 후 몇 달이 지나지 않아 나는 영국 근무를 마치고 주러한국 대사관으로 부임하여 실제로 우리 국민에 대한 영국 입국거부 건수가 얼마나 줄었는지는 확인하지 못했다. 그러나 최소한 영국 국경청 직원들이 한국인이 불법 체류할 가능성을 염두에 두고 입국 심사하는 일은 많이 줄었을 것으로 판단된다.

관심사를 파악하라
대한항공 승무원 비자 문제 해결

러시아 외교부의 영사국은 독특한 위치를 차지하고 있다. 우선 영사국 장이 외교부의 수석국장으로서 위상이 높다. 그리고 러시아 공무원이 해외 출장을 가려면 영사국이 발행하는 관용여권을 발급받아야 했기 때문에 타 부처에 대한 영향력이 컸다.

물론 우리나라를 비롯한 대다수 국가에서도 외교부 영사국이 관용 여권을 담당하고 있다. 그러나 러시아의 경우에는 영사국과 불편한 관계가 되면 관용여권을 발급받기 쉽지 않다는 점에서 그 영향력이 훨씬 대단했다.

내가 2011년 3월 주러한국대사관 총영사를 맡을 당시 러시아 외교 부 영사국장이었던 K는 북한에서 근무했던 러시아 대사들 중에서 북한의 최고위급 인사들이 가장 좋아했던 외교관이었다.(K 국장은 나중에 주터키러시아대사로 영전했는데 2016년 12월 미술관에서 축사를 읽던 중 이슬람 극단주의자의 총탄에 순직했다. 이를 애석하게 여긴 북한에서는 K 국장의 흉상을 제작하여 보관하고 있다는 언론 보도가 있었다.) 이러다 보니 우리 대사관과 K 국장은 관계가 다소 소원했으며 개인적인 취향 등 정보를 파악할 수가 없었다.

내가 총영사가 된 직후 인사하러 갈 때에도 우리 측에서 알고 있는 정보가 거의 전무하여 라뽀로 사용할 소재를 찾을 수가 없었다. 예상했던 대로 K 국장과의 면담은 무미건조했다.

나는 향후 친밀한 관계를 형성할 수 있는 그 어떤 계기도 만들지 못한 채 허탈하게 방을 나올 수밖에 없었다. 그런데 그의 방문을 나서려던 순간 불현듯 내 머리에 스쳐가는 것이 있었다. 그의 방에 있던 여러 사진 중에 빛 바랜 단 한 장의 흑백사진이 갑자기 생각났던 것이다.

나는 방문을 나가다 말고 몸을 돌려 그 사진을 다시 한 번 찬찬히 쳐다보았다. 잘생긴 젊은 러시아 장교의 사진이었는데 얼굴이 어딘가 낯이 익었다. 그에게 혹시 유리 가가린 소령이 아닌지 물어보았다. 갑자기 그의 얼굴이 환하게 밝아지면서 기쁨이 넘치는 목소리로 대답했다.

"네, 맞습니다."

순간 기분이 좋아진 K 국장은 우리와 더 대화를 하고 싶어 했다. 우리는 다시 소파에 앉아 계속 가가린 이야기를 이어갔다.

세계 최초의 우주인 사진을 도대체 어떻게 가지게 되었냐고 물어보았다. K 국장은 초등학교 6학년 때 외교관이었던 아버지를 따라 이집

트에서 살고 있었는데, 가가린이 방문해 자신의 사진을 주면서 뒷면에 친필 서명까지 해주었다고 했다. 나는 K 국장을 부러워하면서 즐거운 대화를 나누었다.

그런데 일이 잘 되려니까 그 해 2011년은 가가린의 우주비행 50주년이 되는 해라 기념 화보집도 발간되어 있던 터였다. 나는 K 국장과 부국장을 모스크바 시내에 있는 롯데호텔의 프랑스 식당으로 초대한 후 영국에서 발간된 멋있는 화보집을 선물했다. 우리는 가가린의 역사적인 우주비행 50주년을 축하하면서 즐거운 시간을 보냈다.

사진 한 장이 맺어준 인연

사실 당시에는 영사국의 도움을 받을 일이 별로 없어서 K 국장과의 '가가린' 인연은 유쾌한 에피소드로 끝이 난 줄 알았다. 하지만 사람 앞날은 한 치 앞도 내다볼 수 없다고 했다. 옛말을 증명이라도 하듯이 나는 예상치 못한 사건으로 K 국장으로부터 큰 도움을 받게 되었다.

K 국장과 식사를 한 후 얼마 지나지 않아 우리 대사관 입장에서 상당히 당혹스러운 사건이 발생했다.

러시아 정부 내에서 출입국을 담당하고 있던 기관인 국경수비대가 러시아 7개 도시에 취항하고 있던 대한항공의 승무원도 3주 후부터는 입국비자를 받으라는 통보를 해왔던 것이다.

사건이 발생했던 2011년에는 한-러 비자면제협정이 체결되어 있지 않았다. 한국과 러시아 국민들은 비자가 있어야만 상대국 방문이 가능했지만 항공기 승무원들에 대해서는 국제관례상 상호 면제 혜택을 주고 있었다. 그런데 승무원들도 비자를 받으라고 한 것이다.

당시 항공기 탑승 승무원 명단은 보통 출발 3일 전쯤 정해졌는데 그때 러시아 비자를 받으려면 비싼 급행료를 내야 했다. 그러니 대한항공으로서는 매년 막대한 비용을 지출할 상황에 직면하게 된 것이다.

우리 대사관의 경제과와 대한항공 모스크바 지점이 여러 경로를 통해 갑작스러운 조치의 이유와 배경에 대해 알아보려 했다. 하지만 접근하기 힘든 보안기관 산하 국경수비대에서 내린 결정이라 구체적인 사항을 알 수가 없었다.

한-러 항공협정을 개정하는 수밖에 없었다. 하지만 러시아와 항공협정을 개정하는 데에는 최소 몇 년이 걸릴 것이었다. 결국 대한항공은 승무원의 러시아 비자 발급에 큰 비용을 지출할 수밖에 없었다.

한-러 항공협정 개정

항공협정은 경제과 업무였으므로 나는 별로 신경 쓰지 않았다. 그런데 대한항공 승무원이 비자를 받고 러시아로 입국해야 하는 시점을 불과 1주일 남긴 상황이었다. 나는 우연히 영사국 부국장과 점심을 먹다가 그 조치의 배경에 대하여 들을 수 있었다.

"최근 메드베데프 대통령은 러시아가 법을 준수하지 않는다는 서방 국가들의 비난에 화가 났다. 러시아가 각종 법령을 철저하게 준수한다는 것을 보여주기 위해 검찰청에 법대로 지켜지지 않는 모든 사항을 찾아내어 시정하라고 강력하게 지시했다. 러시아와의 별도 협정이 없는 상황에서 비자 면제 혜택을 누리는 외국 항공사 직원들도 이에 해당한다. 이러 연유에서 법령에 의거하여 비자를 받도록 한 것이지 한국이나 대한항공에 별다른 감정이 있어서 그런 것은 아니다."

대사관으로 돌아온 나는 고민에 빠졌다. 방금 파악한 중요한 내용을 본부에 보고하게 되면 앞으로 추가 지시는 영사국으로 오게 된다. 그러면 관련 주무과가 경제과에서 내가 책임지고 있는 영사과로 넘어올 것이 분명하다. 이미 국경수비대에서 통보한 3주 중 2주가 흘러간 상황에서 이렇다 할 해결책이 보이지 않는 사건을 맡고 싶지는 않았다.

하지만 배경설명을 직접 들은 내가 보고하는 것이 우리 대사관 입장에선 낫겠다는 생각이 들었다. 그래서 부국장으로부터 들었던 내용을 전문으로 본부에 보고했다. 예상했던 대로 그 건의 담당부서가 경제과에서 영사과로 넘어왔다.

나는 부국장에게 전화를 걸어 사정을 설명하고 도움을 줄 수 있는지 물어 보았다. 러시아 영사국으로서도 입장이 난처할 것 같았다. 왜냐하면 그도 경제부 업무인 항공협정 개정 문제에 영사국이 개입하기 싫을 것이 분명했기 때문이다.

그러나 부국장의 보고를 받은 K 국장은 적극적으로 도와주기 시작했다. 우선 일주일 앞으로 다가온 승무원의 무비자 입국기간을 국경수비대와 협의하여 3개월간 연장해 주었다. 그리고 한국과 러시아 간 항공협정 개정은 많은 시간이 소요되니 양국 외교부 간 양해각서 방식으로 가장 간단하게 비자문제를 해결할 수 있게 도와주었다. 게다가 다른 나라와 체결한 양해각서들 중 최단기간에 체결했던 사례를 찾아 동일하게 할 수 있도록 해주었다. 문안 합의 등 절차가 많이 생략될 수 있게 배려해 주었던 것이다.

그 각서가 체결되기까지는 약 7개월이 소요되었다. K 국장은 승무원의 무비자 러시아 입국기간을 양해각서가 체결될 때까지 3개월씩 두 번이나 더 연장해주었던 것이다.

결국 대한항공은 비자 비용을 한 푼도 지급하지 않게 되었다. 대한항공 모스크바 지점장은 통상적인 항공협정 개정 수순을 밟았다면 최소 3년은 소요되었을 것이고 아마 13억 원 이상을 비자급행료에 지불하게 되었을 거라면서 우리 대사관에 고마워했다.

대한항공 관계자들이 좋아하는 모습을 보면서 나는 K 국장 방에 걸려 있던 빛바랜 유리 가려진 소령의 흑백 사진이 머리에 떠올랐다. 그때 그가 누군지 알아보지 못했다면 어땠을까. 그 후 대한항공과 우리 대사관은 얼마나 고생했을까. 인생에서 희비의 쌍곡선은 순간적으로 정해질 수도 있음을 느꼈다.

자부심을 부추겨라
러시아 아파트 임대 재계약

2011년도 8월 말경이었다. 내가 주도해서 만든 러시아대사관 탁구 동호회인 '목탁회'(목요탁구회) 회원들과 저녁에 대사관 지하실에서 탁구를 치고 있을 때였다.

S 1등서기관이 창백한 얼굴로 들어오면서 큰일 났다고 했다. 그는 러시아에서 이미 2년 반을 근무해 이제 6개월 후면 다른 나라로 떠나야 할 상황이었다. 그런데 살고 있던 집의 연장 계약에 문제가 생긴 것이다. 그가 살고 있던 집주인이 6개월 계약 연장을 할 생각이 없으며 1년 계약을 하지 못한다면 당장 집을 비워달라고 했다는 것이었다.

S 서기관은 이번에 다른 공관을 지원했지만 원하던 공관에 자리가 나지 않아 러시아대사관에 6개월 더 근무하기로 한 것 같았다. 문제는

집주인이 미국에 거주하고 있어 아파트 임대계약 연장을 위하여 1년에 한 번 모스크바에 온다는 것이다. 집주인은 만약 S가 1년을 연장할 수 없다면 6개월 후 후임자가 자신의 아파트를 임차하도록 하겠다는 대사관 명의의 각서를 써달라고 요구했다는 것이다.

러시아에서는 아파트 임차계약이 통상적으로 1년 단위로 이루어진다. 하지만 이미 자신의 집에서 2년 반이나 거주한 임차인이 사정이 생겨 6개월만 더 연장해 줄 것을 요청하면 대부분 인정상 승낙해 주는데 이처럼 모질게 나오는 경우는 극히 예외적이었다.

처음에 나는 필히 집주인의 성격에 문제가 있다고 생각했다. 그런데 어쩌면 그가 미국에 거주하고 있어 6개월 뒤 자신이 러시아로 못 오는 상황에서 집을 임대하지 못하면 어쩌나 하는 걱정이 들 수도 있겠다고 판단했다.

어쨌든 S의 입장이 매우 딱하게 되었다. 나뿐만 아니라 대사관의 다른 직원들도 이런 경우는 처음이라 어떻게 해야 할지 몰라 난감해했다.

주러시아한국대사관에서는 부임하는 외교관들에게 부동산중개인 복비(중개수수료)로 1회에 한하여 4,000불을 지급해 주었다. 계약 연장이 안 되면 S 서기관은 새로 아파트를 구해야 했고 복비 4,000불에 수천 불에 달하는 이사 비용을 본인이 부담해야만 했다. 이러한 경제적인 손실보다 더욱 심각한 문제는 모스크바의 임차계약 최소기간이 대부분 1년이었기 때문에 6개월간 임차해 줄 아파트를 찾기가 쉽지 않다는 점이었다.

그렇다고 우리가 어떻게 해볼 수 있는 것도 없어서 운동하고 있던 목탁회원 모두가 침울해졌다. 러시아에서 몇 년씩 살아본 우리로서는 완고한 러시아 사람들이 고집을 부리기 시작하면 이길 방법이 없다는 것을 이미 잘 알고 있던 터였다.

다음 날 아침 대사관에 출근한 나는 S의 사건을 다시 한 번 곰곰이 생각해 보았다. 이렇다 할 해결 방안이 보이지 않았지만 S 서기관과 같은 대사관 직원도 따지고 보면 외국에 살고 있는 우리 교민이기에 총영사인 내가 나서야 한다고 결론 내렸다.

명함에 새겨진 '독토르'

그날 저녁 8시에 S와 함께 주인 부부를 만나기로 했다. 퇴근 후 집주인을 만나러 가는 내 마음은 무겁기만 했다. 이미 양쪽 입장이 정해졌고 서로의 조건을 받아들일 수 없다는 점은 명백했다. 결국 S 가족이 감당해야 할 힘든 상황만 남아 있다는 생각에 가슴이 답답했다.

한숨을 내쉬며 들어간 S의 집 소파에는 60대 중반의 집주인 부부가 잔뜩 찡그린 얼굴로 앉아 있었다. 집주인과 나는 서로 인사를 하면서 명함을 교환했다. 그가 건넨 명함에는 독토르доктор(박사)라고 적혀 있었다. 프랑스의 국가박사와 마찬가지로 러시아의 박사학위도 획득하기 매우 힘든 것으로 알고 있었던 나는 놀라는 표정을 지으면서 러시아어로 말했다.

"제가 러시아 관련 업무를 한 지도 20년이 넘었는데 러시아 박사를 만나기는 이번이 처음이라 대단히 영광스럽게 생각합니다."

몹시 화나고 불만스런 인상을 하고 있던 집주인 부부는 이 말 한마디에 갑자기 표정이 환해졌다.

"무슨 박사를 하셨습니까?"

내가 다시 질문하자 그는 역사학이 전공이라고 했다. 나는 더욱 관심이 있다는 듯 물었다.

"역사학은 특히 박사 학위가 힘들다는 얘기를 들었는데 어떻게 따셨습니까?"

이 질문은 집주인 부부를 더욱 기쁘게 했다. 그는 자신이 어려운 가정환경에서 힘들게 공부해 박사를 딴 과정을 20여 분이나 넘게 쉬지 않고 얘기했다. 그의 부인은 옆에서 감회에 젖기도 하고 또 자랑스러워하면서 조용히 듣고 있었다.

집주인의 눈물겨운 고생담 얘기가 끝나자 나도 근처 아파트에 살고 있다고 했다. 그랬더니 그는 자신의 집이 더 좋다고 자랑했다. 나는 그 순간을 놓치지 않고 말했다.

"제가 봐도 박사님 댁이 훨씬 나은 것 같습니다. 그런데 우리 집조차도 새로 지은 신식 아파트라 서로 들어오려고 이미 신청자들이 줄을 섰습니다. 그런데 이렇게 좋은 집을 가지신 분이 왜 6개월 뒤에 임대를 못 할까봐 걱정하는지 이해가 되지 않네요. 아마도 서로 들어오려고 경쟁이 치열할 것입니다. 하지만 만에 하나 임차인이 나타나지 않으면 제가 총영사인 만큼 새로 부임하는 대사관 직원이나 교민들에게 소개하겠으니 염려하지 않아도 됩니다. 다만 아직 후임으로 누가 올지 정해지지도 않은 상황에서 여기에 반드시 들어온다고 말하기는 좀 어려울 것 같습니다."

그랬더니 집주인은 부드러운 미소를 지으면서 말했다.

"그야 당연한 말씀이지요."

그리고는 일어나서 집에 전구가 깨진 것이 없는지 살펴보기 시작했다. 이는 S에게 6개월 임차에 동의한다는 승낙을 나타내는 행동이기도 했다.

다음 날 아침 S는 일찍 내 방으로 찾아와 정말 고맙다고 했다.

지금 생각해 봐도 그때 우연히 집주인의 명함에서 박사라는 라뽀 요소를 발견하지 못했다면 S의 집 연장계약 사건은 해피엔딩으로 끝나지 못했을 거라는 생각이 든다.

인맥을 활용하라
한러 비자면제협정 관련 국내부처 설득

우리나라와 러시아 간 비자면제협정은 2014년 1월 1일부터 발효되었다. 이에 일반여권이나 여행증명서를 소지한 양국 국민은 근로활동이나 장기유학, 상주 목적이 아닌 관광 혹은 방문 등으로 상대국을 방문할 경우에는 비자 없이 60일까지 체류할 수 있다.

이 협정이 체결되면서 한국으로 의료관광을 오는 러시아인의 수가 급증하는 등 상호방문이 크게 늘었고, 한-러 양국 국민들 간 보다 친밀한 관계가 형성되어가고 있다.

이 협정의 체결과정은 결코 순탄하지는 않았다. 미국, 일본 및 서유럽 국가들과 비자면제협정이 없었던 러시아는 OECD 국가인 한국과의 협정 체결을 희망하였던 반면 우리나라는 외교부를 제외한 국내 관계부처들 모두가 강력 반대했기 때문이다.

국내 부처의 반대가 워낙 심해 우리 외교부는 비자면제협정 체결이 현실적으로 어렵다고 판단해 사실상 추진을 포기했다. 대신 한국 국민에게 불리하게 적용되어 왔던 러시아의 비자 수수료 발급 관행을 개선하기 위해 노력했다. 하지만 러시아 측 거부로 번번이 무산됐다.

외교관계를 수립한 국가들 간에는 동일한 비자 수수료를 받는 것이 국제적 관행이다. 그런데 한국에 있는 러시아 대사관과 총영사관은 우리보다 비싼 비자 수수료를 받았을 뿐만 아니라 3일 이내에 발급하는 경우에는 별도의 급행료까지 부과했다.

이런 불평등 관행은 1990년 한-러 수교 당시 러시아의 한국 내 러시아 공관이 비자 수입으로 운영되는 점을 배려해 우리 측의 양해로 시작되었다. 그 후 러시아의 경제사정이 상당히 호전되었고 우리 측은 러시아 비자 수수료를 낮추어 줄 것을 계속 요구했다. 그러나 러시아 측이 우리의 비자 수수료를 자기들 수준으로 인상하면 될 것 아니냐고 주장하여 해결하지 못하고 있었다.

이처럼 한국과 러시아 외교부가 비자면제협정은 고사하고 불평등한 비자제도조차 개선하지 못하고 있던 상황에서 나는 뜻하지 않게 한-러 비자면제협정 추진에 시동을 건 장본인이 되었다.

2012년 5월경 나는 폐교 위기까지 몰렸던 모스크바 한국학교를 살려내느라 약 1년 동안 전력투구하여 완전히 진이 빠진 상태였다. 이제 3개월 후면 영국과 러시아에서의 5년 반에 걸친 해외생활을 마치고 본부로 귀임하게 되어 떠날 날만 기다리고 있었다.

그러던 어느 날 W 대사가 나를 불렀다.

"이 총영사는 전임 대사에게는 모스크바 한국학교의 회생이라는 선물을 했던데 나에게는 해준 게 무엇이 있느냐?"

뭔가 대단히 섭섭하다는 표현이었다. W 대사는 외교부 내에서 실력과 인품을 겸비한 보기 드문 외교관으로서 높은 평가를 받고 있었다. 나와는 1996년 동구과에서 사무관으로 근무할 때 과장이었던 인연이 있었다.

듣고 보니 대사의 입장도 이해가 되었다. 전임 대사는 타 부처 장관 출신으로 외교에는 경험이 없었다. 하지만 결과적으로 재임 중에 하마터면 폐교될 뻔했던 모스크바 한국학교를 구해낸 것이 큰 업적이 되었다. 반면 외교의 달인이었던 W 대사는 대외적으로 내세울 성과가 별로 없었던 것이다.

사실 외교업무 특히 정무 분야는 눈에 띄지 않는 일들이 많다. 외교부 내에서 엘리트 코스를 거친 한 동기에 의하면 "통일을 시키지 못하는 한 대외적으로 내세울 만한 것이 없다"는 표현이 적절했다.

목탁회에서 동료 주재관 설득

W 대사의 말을 듣고 난 후 무언가 해드려야 되겠다는 마음에서 한-러 비자면제협정을 추진해 보겠다고 얼떨결에 얘기해 버렸다. 내 방으

로 돌아와서 곰곰 생각해 보니 몇 달 뒤면 귀국할 내가 너무 무책임한 얘기를 했다는 자책감이 들기 시작했다.

한-러 외교부가 그토록 추진하려고 했어도 안 된 협정을 내가 무슨 수로 성사시킬 수 있단 말인가. 대사께 다시 가서 미안하다고 이실직고할까 생각도 했지만 이왕 엎질러진 물인 데다가 동구과 시절 나에게 잘 해주었던 전임 과장을 실망시키고 싶지도 않았다. 가능성이 극히 희박하다는 것을 알면서도 남은 3개월 동안 최선을 다해 보기로 했다.

우선 협정의 최대 걸림돌인 우리 국내 부처들을 설득하면 어쩌면 서광이 보일지 모른다고 생각했다. 러시아대사관에 파견 나와 있던 법무관 등 비자면제협정 관련 부처 주재관들을 설득해 보기로 했다.

내가 2010년 8월 러시아에 부임하면서 설립을 주도한 대사관 탁구 동호회(목탁회)에 주재관들이 적극적으로 참여하고 있었는데 나와 관계가 좋은 편이었다. 그 주재관들을 설득할 수 있으면 국내 부처들의 기존 입장을 바꿀 수 있을지도 모른다는 실낱같은 희망을 가지게 되었다.

며칠 뒤 목탁회 시합이 끝난 후 시내 식당에서 저녁을 먹었다. 나는 대수롭지 않은 듯이 이 협정을 반대하는 부처 주재관들에게 물었다.

"너희는 왜 한-러 비자면제협정을 반대해?"

그들도 아무렇지 않게 대답했다.

"그걸 체결하면 간첩들이 들어오잖아."

그들이 말한 이 짧은 한마디는 우리 국내 보안담당 부처들이 한-러 비자면제협정을 반대해왔던 가장 중요한 논거이기도 했다.

"아니 KGB(구소련의 정보기관으로 1954년부터 1991년까지 존재. 정식명칭은 국가보안위원회. 목탁회 저녁 모임이 있었던 2012년에는 이미 KGB는 없어졌고 러시아연방보안국(FSB)이 존재했으나 주재관들이 이해하기 쉽게 일부러 유명한 KGB를 인용함)가 그 수준밖에 안 되나? 비자를 안 받아도 되면 간첩을 보낼 수 있고, 비자를 받아야 되면 못 보내나?"

"그것도 맞는 말이네. KGB가 비자 때문에 간첩 못 보낸다고 보기는 어렵지."

그들은 잠시 생각하더니 내 말에 동의했다.

이번에는 경찰에서 나온 주재관이 러시아 마피아들은 너무 거칠어서 한국에 와서 살인 등 강력사건을 많이 저지르기 때문에 비자제도로 입국을 통제할 필요가 있다는 요지로 말했다.

여기에 대해 나는 목소리를 좀 더 높이며 말했다.

"최근 중국 조선족이 한국에서 저지른 잔인한 살인사건(2012년 4월 수원에서 발생한 조선족 오원춘의 토막살인사건이 생각나서 언급함)을 봐라. 우리는 중국 사람들에게 엄격한 기준을 적용하여 비자를 발급하고 있는데도 이러한 사건이 발생하지 않았나! 결국 비자를 받는다고 해도 간첩이나 흉악범들은 어떻게 해서든 다 들어와. 애꿎은 러시아의 일반 국민들만 비자 받는 것이 번거로워서 한국행을 포기하는 경우가 많지. 더욱이 우리 국민도 다른 나라보다 비싼 러시아 비자 수수료를 부담해야 할 뿐만 아니라 급한 사정이 생겨 3일 이내에 받으려면 더 비싼 급행료를 내야 하는 것도 잘 알잖아? 이제는 우리도 관행에 젖어 한-러 비자면제협정을 무조건 반대만 할 것이 아니라 전향적으로 생각해야 할 때가 왔어."

비자면제 협정 찬성 분위기 확산

참석했던 주재관들이 상당한 공감을 표했다. 그렇지만 당시 나는 주재관들에게 그리 큰 기대를 가지지 않았다. 거의 20여 년 동안 굳어진 자신의 소속 부처 입장을 대사관에 파견 나온 주재관들이 바꿀 수 있다고 생각하지 않았던 것이다. 다만 나는 최선을 다하겠다는 생각에 목탁회 저녁 모임에서 주재관들에게 열심히 설명했던 것뿐이었다.

그런데 그날 이후 주재관들이 한-러 비자면제협정에 대해 찬성할 필요가 있다는 전문 보고를 소속 부처로 보내기 시작하면서 조금씩 변화가 감지되었다. 더욱이 주러한국대사관 영사과에서 같이 근무했던 L법무관이 귀국하여 비자정책을 총괄하는 과장이 된 것은 법무부의 입장이 바뀌는 결정적인 계기가 되었다.

당시 내가 미처 생각하지 못했던 점은 탁구를 치면서 친하게 지냈던 주재관들이 소속 부처의 러시아 관련 정책에 대하여 상당한 영향력을 행사하고 있었다는 것이다. 러시아 전문가로 인정받고 있던 주재관들이 한-러 비자면제협정에 대하여 긍정적으로 생각함에 따라 소속된 부처도 서서히 입장을 바꾸기 시작했다.

나로서도 무척이나 놀라웠던 것은 한-러 비자면제협정을 추진한 지

3개월밖에 지나지 않았던 시점, 즉 내가 본부로 귀임하기 직전에 그동안 협정 체결에 강하게 반대해 왔던 국내 부처들이 모두 찬성으로 입장을 바꾸었다는 것이다. 이렇게 하여 동 협정은 우리 국내 부처들의 반대라는 최대 걸림돌이 사라진 데다 W 대사의 놀라운 업무 추진력이 가세되어 일사천리로 진행되었다.

지금 돌이켜보면 장소가 모스크바의 대사관이 아니고 서울의 외교부였다면 법무부를 비롯하여 보안담당 부처 국장이나 과장들을 설득하지 못했을 가능성이 높다. 그때 나는 대사관에서 주재관들과 거의 2년 동안 매주 목요일 저녁이면 같이 탁구를 치고 저녁을 먹으면서 상당히 친해진 상태였다. 내 말을 진지하게 들을 준비가 된 상태, 즉 라뽀가 자연스럽게 형성돼 있었던 것이다.

서울에서 인간적인 유대가 전혀 없는 상태에서 법무부나 보안 부처 간부들에게 동 협정의 필요성에 대해 아무리 설득한다고 해도 그것은 소 귀에 경 읽기가 되었을 것이다. 적절한 라뽀가 없는 상황에서 기존 정책을 180도 바꾸라는 얘기는 처음부터 아예 들을 생각조차 하지 않는 경우가 다반사이기 때문이다.

그런데 이 경우처럼 라뽀는 상대방이 호의적인 태도로 진지하게 들을 수 있는 사전환경을 조성한다는 점이 교섭의 필요조건이다. 하지만 그 자체만으로 상대방을 설득할 수 있는 것은 아니다. 그날 저녁 주재관들이 제기한 질문에 대해 설득력 있는 반론, 즉 반론대응을 제대로 하지 못했다면 그들도 기존의 반대 입장을 번복할 확실한 이유를 찾기 어려웠을 것이다. 그런 상황에서는 자신들의 부처를 제대로 설득하지 못했을 것이다.

이런 점에서 한-러 비자면제협정 추진과정의 사례는 큰 영향력을 가진 주재관들을 설득하는 데 라뽀는 물론 반론대응이 결정적인 역할을 한 것임을 잘 보여주고 있다.

3장

상대방의 입장에서
생각하라

현장의 흐름을 제대로 읽어라.
상대가 어떤 위치에 있는지를 파악하라.
서로에게 가장 유리한 방향을 모색하라.
성공 전략은 그리 어려운 일이 아니다.

상대의 능력을 인정하라
러시아에서 한국인 사업가 살해범 검거

1992년 8월 30일, 나는 총영사관 창설요원으로 러시아 연해주에 위치한 블라디보스토크에 부임했다. 총영사관 개설에 필요한 준비를 하느라 정신없이 바쁘게 시간을 보내고 있던 그 해 11월경, 모스크바에 있는 대사관의 선배로부터 갑자기 전화가 걸려 왔다.

우리 블라디보스토크 총영사관 관할지역인 하바롭스크시에서 한국인이 피살되었다는 연락을 받았다면서 본부로 보고하기 전에 알려 주는 것이니 빨리 알아보고 조치하라고 했다. 선배의 따뜻한 배려가 고마웠다.

지금은 상트페테르부르크와 이르쿠츠크에도 우리 총영사관이 개설되어 있다. 하지만 1992년 당시 러시아에는 블라디보스토크에만 총영사관이 있어서 담당해야 했던 관할지역이 한반도 면적의 33배에 이르는 바이칼호수 동쪽 지역 전부였다.

선배의 연락을 받은 직후 지도에서 하바롭스크시를 찾아보았더니 블라디보스토크에서 북쪽으로 대략 700km 떨어진 곳이었다. 우선 그곳에 거주하는 우리 교민을 알아보다가 선교사와 연락이 되었다. 공항에 마중 나와 있던 선교사들은 하바롭스크주 경찰국의 뚜르친 수사국장과 면담을 약속해 놓았다고 했다.

그들의 차를 타고 경찰국으로 가면서 피살 사건에 대해 보다 상세하게 들을 수 있었다. 살해된 분은 한국의 사업가로 최상품으로 알려진 시베리아산 녹용을 거래하고 있었는데 자신의 아파트에서 변을 당했다고 했다.

선교사들은 몹시 불안해하고 있었다. 자신들도 피살된 사업가와 비슷한 아파트에 살고 있는 데다 그가 현금 10만 불을 소지하고 있었다는 기사가 하바롭스크 지역의 여러 신문에 게재되면서 우리 교민들이 매우 위험하게 되었다는 것이다.

당시 러시아는 경제적으로 매우 어려운 상태였다. 특히 극동지방의 상당수 주민들은 월평균 100불 미만의 소득으로 힘들게 살아가고 있었다. 선교사들이 느끼는 불안한 심정은 충분히 이해할 수 있었다. 지역 신문의 과장보도로 인해 러시아인들이 한국인을 살해하면 10만 불이라는 거금을 손에 넣을 수 있다고 착각할 수도 있을 것 같았다.

나는 러시아 극동지역에서 우리 국민이 또다시 피살당할 수 있는 가능성을 최소화하기 위해서는 조속히 범인을 검거함으로써 한국인을 살해하면 반드시 잡힌다는 사실을 러시아인들에게 알려야 한다는 결론을 내렸다.

한국인 사업가 피살

그러나 선교사들은 외국인이 살해당할 경우 러시아 경찰이 부족한 수사비 등을 이유로 적극적으로 수사하지 않기 때문에 이번에도 살인범을 검거할 가능성이 거의 없다면서 걱정하고 있었다. 그들은 잠시 후 내가 뚜르친 수사국장과 만나면 반드시 범인을 검거하도록 강하게 압력을 넣어야 한다고 강조했다.

나는 러시아 경찰이 수사비가 부족해 외국인 살해범죄에는 크게 신경 쓰지 않는다는 것이 사실일 거라고 생각했다. 하지만 선교사들은 러시아 경찰이 얼마나 강력한 권력을 지녔는지에 대해서는 잘 모르는 것 같았다. 어느 국가에서든지 경찰은 무시할 수 없는 힘을 가지고 있다. 더구나 사회주의 전통이 남아있는 러시아에서의 경찰은 막강한 힘을 가지고 있었다.

나는 뚜르친 수사국장과 입장을 바꾸어 한번 생각해 보았다. 나라 경제가 어려워 수사비가 넉넉하지 않은 상황에 자국민이 피살당한 사건도 제대로 수사하지 못하고 있는데 외국인 살해사건에 아낌없이 비용을 써가면서 수사할 마음이 생길 것 같지는 않았다. 이러한 상황에서 처음 만난 젊은 한국 영사가 반드시 범인을 검거해야 한다고 계속적으로 강요하면 기분이 상해 오히려 역효과가 날 것 같았다.

선교사들의 입장도 당연했다. 그들은 해외에 거주하고 있는 우리 국민들이었고 한국인이 피살되었다. 그런데도 한국 영사가 러시아 경찰에 당연히 요구해야 할 사안도 제대로 제기하지 못하고 시종일관 소극적인 자세를 보인다면 매우 실망할 것이었다.

이런저런 생각을 하는 가운데 목적지인 하바롭스크주 경찰국에 도착한 우리는 뚜르친 수사국장의 방으로 들어갔다. 책상에 앉아 있던 뚜르친 국장은 내가 상상했던 무서운 인상의 경찰관 모습이 아니라 멋있는 백발의 중년 미남 배우같이 보였다.

나는 주블라디보스토크 대한민국총영사관에 근무하고 있는 영사라고 소개하며 바쁜데도 시간을 내주어 감사하다고 했다. 뚜르친 국장은 러시아 극동지역에서 처음 만나게 된 젊은 한국 영사가 러시아어를 하는 것이 신기한 듯이 호기심 어린 시선으로 바라보고 있었다.

순간 나는 우리 선교사들이 원하던 대로 뚜르친 국장을 강하게 압박할 것인지 아니면 설득하는 방법을 택할 것인지 양자택일해야 하는 순간이 왔음을 직감했다. 중요한 것은 어떻게 해서든 빨리 범인을 검거하는 일이라고 판단했다. 따라서 강압적인 접근보다는 가급적 그의 마음을 움직여 적극적으로 수사하도록 하는 방안을 모색하는 편이 보다 효과적일 것이라고 생각했다.

나는 뚜르친 국장이 대단한 자부심을 가지고 있을 것 같은 러시아 경찰의 명예심을 자극하기로 결정하고 얘기를 시작했다.

"여기 오는 길에 들었습니다만, 러시아 경찰은 외국인이 살해되면 수사를 열심히 하지 않는 경향이 있다고 하던데 사실입니까?"

단도직입적이었던 내 질문에 뚜르친 국장은 사실이 아니라고 단호하게 대답했다. 내가 다시 물었다.

"그러면 이번 한국인 피살사건에 대하여 러시아 경찰의 명예를 걸고 수사해주실 수 있습니까?"

뚜르친 국장은 다시 자신 있게 대답했다.

"그러지요. 러시아 경찰의 명예를 걸고 수사하겠습니다."

이에 대하여 나도 힘차게 말했다.

"좋습니다. 그러면 저는 뚜르친 국장님만 믿고 돌아가겠습니다."

그런 다음 나는 방에서 나왔다. 선교사들은 러시아 경찰에게 강하고 확실하게 압박하라고 했음에도 한국 영사가 겨우 세 마디 말만 하고 나왔다며 큰 불만을 표시했다.

나는 한번 믿고 기다려 보자고 선교사들을 설득하면서 블라디보스토크로 돌아왔다. 그런데 1주일이 지나도 뚜르친 국장으로부터는 아무런 연락이 없었다. 2주가 지나면서 하바롭스크 선교사들로부터 항의전화가 걸려오기 시작했다. 내가 너무 순진하게 러시아 경찰을 믿었다면서 지금이라도 뚜르친 국장에게 전화해 독촉해야 한다는 것이었다.

나는 불안해지기 시작했다. 대한민국의 자랑스러운 외교관이 되어 처음으로 근무하게 된 공관에서의 첫 번째 교섭인데 역시 경험 부족으로 실패하는가 하는 씁쓸한 느낌이 들었다.

그럼에도 불구하고 나는 뚜르친 국장에게 독촉전화를 하지 않고 계속 기다렸다. 날이 갈수록 러시아 경찰에 대하여 보다 강경한 자세를 보이라는 선교사들의 압력은 커져갔고 나에 대한 불만도 고조되어 갔다. 뚜르친 국장은 계속 감감무소식이었다.

나도 점점 초조해지면서 하루에도 몇 번씩 뚜르친 국장에게 전화하고 싶은 마음이 생겼으나 꾹 참았다. 무엇보다 자신 있게 얘기하던 그의 모습을 떠올리며 조금만 더 기다려 보자고 다짐했다.

하바롭스크에서 돌아온 지 한 달이 지나자 나는 거의 자신감을 상실했다. 그때 내 책상 위에 있던 전화기가 요란스럽게 울리기 시작했다. 수화기 너머에서 그의 들뜬 목소리가 들려왔다.

"살인범들을 캄차카주까지 가서 잡았습니다. 그동안 저를 믿고 기다려주셔서 고맙습니다. 그래서 지금 모스크바 경찰청 본부에 보고하자마자 이 영사께 알려드리는 것입니다."

나는 안도의 한숨을 내쉬었다. 외국인이 피살당하면 수사를 잘 하지 않는다는 러시아 경찰이 우리 국민을 살해했던 범인을 재빨리 검거했다. 이로써 러시아 극동지방에 거주하는 우리 교민의 안전을 강화했다는 점에서 정말 다행스러웠다. 그뿐만 아니라 처음 만났던 뚜르친 국장에 대한 나의 믿음이 틀리지 않았다는 점도 나를 기쁘게 했다.

범인은 피살된 우리 사업가와 녹용거래를 하던 러시아인으로 애당초 돈을 강탈할 목적이었지만 거세게 저항하는 바람에 우발적으로 살인하게 되었다고 뚜르친 국장은 설명해주었다.

그로부터 1년 후 하바롭스크주에서 또다시 한국인이 피살되는 사건이 발생했다. 이번에도 뚜르친 국장의 진두지휘 하에 러시아 경찰은 일주일 만에 범인 세 명을 모두 검거했다. 어려운 러시아 경제사정상 수사비가 많이 부족했겠지만 이렇게 빨리 범인을 검거하는 것을 보고 뚜르친 국장에게 고마움을 느꼈다.

한국인 선교사 추방 위기

한번 맺어진 뚜르친 국장과의 신뢰관계는 그 후 더욱 진가를 발휘했다. 당시 하바롭스크주에는 100여 명의 한국 선교사들이 있었다. 그들 대부분은 관광비자로 입국하여 선교하고 있었음에도 불구하고 러시아 경찰 측에서는 이를 묵인해 주고 있었다.

그런데 한국에서 신학대학을 갓 졸업한 젊은 목사가 경찰국 내에서 비자업무를 총괄하던 여성 경찰관과 심하게 다투면서 울려버린 사고가 발생했다. 매우 분노한 경찰국은 하바롭스크주 지역에서 활동하고 있던 모든 한국인 선교사들을 추방하기로 결정한 것이다.

선교사 대표들이 도와달라고 나를 찾아왔다. 얘기를 듣고 나니 러시아 경찰관들이 그렇게 화가 났는데 무슨 수로 수습할 수 있을지 막막하기만 했다.

평소 같았으면 어느 정도 도움을 기대할 수 있었던 뚜르친 국장도 우리 선교사들이 '괘씸죄'에 걸려 경찰국 전체가 분노하고 있는 상황에서 별다른 도움을 줄 수 없을 것 같았다. 또한 수사국장이 비자담당 경찰관들에게 영향력을 행사할 수 있을까 하는 의구심도 들었다.

선교사들의 입장이 하도 딱해 하바롭스크시로 출장을 갔던 나는 뚜르친 국장을 만나 가능하면 도와줄 것을 간곡하게 부탁했다. 그리고 이번 사건을 수습하기 위해 경찰국 대표 세 명과 선교사 대표 세 명으로 구성되는 협의회를 개최하자고 제안했다.

뚜르친 국장이 찬성하여 양측 대표 간 협의회가 열리게 되었다. 사회는 내가 보았다. 고맙게도 뚜르친 국장이 하바롭스크 경찰국 수석대표로 나와 준 덕택에 나는 자신감을 가지고 회의에 임할 수 있었다.

나는 양측 대표의 의견을 들어본 다음 중재안을 내 놓았다.

"한국 목사가 경찰국의 비자담당 여성 경찰관을 울렸다는 점은 잘못한 일이라고 봅니다. 그렇다고 해서 이 추운 지역에서 개인적인 희생을 감내하면서 고생하고 있는 한국 선교사들을 모두 추방하는 것은 너무 가혹한 처사라고 생각합니다. 그러므로 이번 사건의 장본인인 목사에 대해서만 3개월간 러시아에 못 들어오게 하고 나머지 선교사들에 대한 추방 결정은 취소하는 것이 좋을 것으로 판단됩니다."

이 같은 나의 제안에 양측이 모두 찬성함으로써 하바롭스크 선교사 추방사건은 무사히 해결됐다. 협의회가 끝나자 선교사 대표로 참여한 연로하신 목사님이 내 손을 잡고 눈물을 글썽이며 말씀하셨다.

"우리 공관이 이렇게 고마운 줄 몰랐습니다."

나 또한 겨울에는 영하 40도까지 내려가는 하바롭스크주에서 고생하고 있는 우리 교민들을 보호하였다는 보람과 함께 안도감도 느꼈다.

하바롭스크주의 한국 선교사들 추방사건이 예상보다 쉽게 해결될 수 있었던 것은 경찰국 내 서열 2위였던 뚜르친 국장의 힘이 컸다. 그가 러시아 경찰의 수석대표로 협의회에 참석함으로서 나에게 힘을 실어주었을 뿐만 아니라 내가 제시한 중재안을 적극적으로 지지해준 덕분이었다.

나는 몇 달 뒤 김영삼 대통령의 러시아 방문을 계기로 뚜르친 국장과 그의 직속상관이었던 하바롭스크주 경찰국장을 우리 경찰청 차장 명의로 방한 초청토록 함으로써 마음의 빚을 어느 정도 갚을 수 있게 되었다.

돌이켜보면 뚜르친 국장은 첫 대면에서 내가 통역 없이 러시아어를 구사하는 것을 보고 나에 대해 호감을 가지게 되었던 것 같다. 이미 세계 공용어가 된 영어와는 달리 현지어를 구사할 경우 상대방으로부터 더 호감을 얻는다는 점에서 훌륭한 라뽀가 될 수 있다. 특히 하바롭스크주가 속해 있던 극동지방은 러시아에서도 변방이라 영어가 거의 통하지 않는 곳이어서 더 큰 효과를 보았던 것 같다.

그리고 당시 다급한 우리 입장만 고려하여 뚜르친 국장에게 빨리 범인을 잡으라고 강요하고 독촉했다면 오히려 심한 부작용을 일으켰을 것이다. 대신 투르친 국장의 입장을 존중해 주면서 러시아 경찰의 명예를 거론한 것은 상대방의 입장에서 얘기해야 한다는 교섭의 기본원칙을 적절히 구사했다고 할 수 있다. 또 그가 연락할 때까지 끝까지 독촉하지 않고 기다려 준 것은 '나는 너를 믿는다'라는 무언의 대화를 통하여 침묵의 독촉을 한 것이 아니었나 하는 생각이 든다.

　다만 이 사례에서 내가 무척 힘들었던 점은 선교사들의 계속된 요구를 견디면서 나의 판단이 틀렸을지도 모른다는 불안감과 내면적으로 싸워야 했던 것이다.

끝까지 포기하지 마라
국제백신연구소 살리기

매년 말라리아, 콜레라 등의 전염병으로 사망하고 있는 개도국 어린이들이 수백만 명에 이른다고 한다. 이런 전염병은 백신으로 예방할 수 있는데도 불구하고 말이다.

이는 기술을 보유한 선진국 제약회사들이 수익성이 없다는 이유로 백신개발을 등한시하는 데 그 이유가 있다. 대신 그들은 간염이나 당뇨병 등과 같이 이익이 많이 나는 '부자 병'에 대한 백신 개발에 몰두하고 있다.

유엔개발계획UNDP은 이 문제를 극복하고자 1990년대에 들어서면서 국제백신연구소IVI International Vaccine Institute를 세우기로 결정하고 이의 유치를 희망하는 국가를 물색하기 시작했다.

IVI 유치국은 5,000평의 대지를 가진 연구소 건물과 IVI 운영비의 30% 지원, 600만 불 규모의 기자재 제공 및 UNDP 선발요원에 대한 주거시설 제공 등의 조건을 수용해야 했다. 대신 UNDP가 유치국에게 약속하였던 것은 IVI 운영비의 70%를 확보할 수 있도록 노력한다는 것이었다.

UNDP의 IVI 설립계획에 대해 많은 국가가 관심을 보였다. 국제기구의 유치로 국내 일자리 창출의 효과가 있을 뿐만 아니라 세계적인 백신 학자들로부터 최첨단 유전공학 기술을 배울 수 있다는 장점도 있었기 때문이다. 특히 후자는 간염 및 당뇨병 등의 백신개발 분야에서 빠르게 성장하고 있던 우리나라에게 큰 매력으로 다가왔다.

UNDP에 IVI 유치신청서를 제출하였던 나라는 모두 6개국이었다. 우리나라는 중국과 마지막까지 치열한 접전을 벌인 끝에 1994년 IVI 유치국으로 선정되었다. 우리 정부는 제반 입지조건을 고려한 후 서울 대학교 후문 지역에 IVI연구소 건물을 짓기로 결정했다.

IVI는 장차 한국의 유전공학 발전에 큰 도움을 줄 수 있다는 측면에서뿐만 아니라 우리가 유치한 최초의 국제기구라는 점에서도 큰 의미가 있었다.

그러나 유엔과 한국 그리고 세계 유수의 백신학자들의 기대를 한 몸에 받고 출발하게 된 IVI는 국가 및 단체의 이기주의라는 냉혹한 현실과 부딪치게 되었다.

국내 최초 국제기구 건립 불발 위기

우선 미국, 영국 및 일본 등 선진국 정부들은 그렇지 않아도 간염 및 당뇨병 등의 백신개발에서 두각을 나타내기 시작한 한국이 IVI의 첨단 유전공학 기술을 습득하여 강력한 경쟁자가 될 가능성을 우려한 것인지 IVI 운영자금 지원을 거부했다. 전체 운영예산의 70%를 선진국 정부들로부터 조달할 수 있다는 전제하에 추진된 IVI는 처음부터 심각한 재정난에 봉착하게 되었다.

더하여 유엔 내에서 보건업무의 주무기관이었던 국제보건기구WHO는 UNDP가 IVI 설립을 추진한 것에 대해 그들의 업무영역을 침범한 월권행위라고 화를 냈다. 그렇잖아도 UNDP가 WHO의 고유 업무라고 할 수 있는 유엔에이즈계획UNAIDS을 추진했던 것에 대해 분노했던 WHO는 UNDP가 IVI 설립을 주도하자 상당히 부정적인 입장을 견지하기 시작했다. WHO의 태도에 따라 당초 IVI연구소 건립에 100억 원을 제공하기로 한 국내 제약회사들이 기부 약속을 번복했다.

설상가상으로 IVI 유치단계에서부터 적극 참여했던 서울대 교수들이 재정경제원(현 기획재정부)에 IVI연구소 건축예산을 급하게 요청하는 과정에서 대략적으로 책정했던 예산이 너무 적게 산정한 것이 드러나 일이 더욱 힘들어졌다.

서울대 교수들은 연구소 건축비로 200억 원이면 충분하다고 판단하여 재경원에 100억 원만 지원해 주면 나머지 100억 원은 국내 제약

회사들로부터 기부금을 받아 충당하겠다고 약속했다. 그러나 전문 건축가에 의뢰한 연구소 설계도가 완성되면서 총 건축비가 550억 원이 소요되었던 것이다.

재경원은 IVI연구소 건축과 관련 100억 원만 국가 예산으로 지원해 주면 된다는 전제하에 동의해 주었다. 그런데 얼마 지나지 않은 시점에서 건축비 450억 원을 추가로 지원해 달라고 하니 IVI 사업에 대하여 의구심을 갖게 된 것은 당연한 것이었다. 게다가 IVI 운영예산의 70%를 선진국 정부로부터 조달할 수 있다고 하던 UNDP의 주장과는 달리 IVI 운영비 전체를 우리 정부가 떠맡아야 할 지경에 이르렀다.

이에 재경원은 원래 약속했던 운영비의 30%와 건축비 100억 원을 제외하고는 한 푼도 더 지급하지 않겠다는 강경한 입장을 고수하기 시작했다. 우리나라 최초의 국제기구인 IVI를 유치했다는 기쁨은 오래가지 못했고, 운영에 필수불가결한 예산 확보에 실패한 IVI의 장래는 누가 봐도 암울하기만 했다.

이런 상황이 되자 유치 초기에는 서로 주무를 맡겠다고 하던 우리 정부 부처들이 IVI를 기피하게 되었고, 외교부 내에서도 가장 인기 없는 업무가 되었다. IVI에 대한 재경원의 추가 예산지원과 선진국으로부터의 자금 동원은 도저히 해결 가능성이 보이지 않는 상태였다. 그럼에도 국제기구를 유치한 우리 정부로서 시급하게 준비해야 했던 것은 대한민국 정부가 IVI에게 부여하는 특권과 면제를 규정하는 〈대한민국 정부와 국제백신연구소 간 본부협정〉이었다.

나는 외교부 조약과와 주한공관과(현 외교사절담당관실)에 의견을 문의한 후 방글라데시 소재 열대병연구소 등 IVI와 유사한 6개 국제연구소의 특권과 면제협정을 참조하여 협정 초안을 작성했다. IVI의 인도주의적 성격에 공감하고 있던 나는 가급적이면 도움이 되는 내용을 포함시키려 노력했다. 특히 IVI 소장에게는 주한대사에 버금가는 지위를 부여했다.

내가 만든 우리나라 최초의 국제기구와 대한민국 정부 간 본부협정 초안은 한 자도 수정되지 않은 채 국무회의 의결, 국회의 비준동의 및 대통령 서명 절차를 거친 후 1999년 1월 7일에 발효되었다.

IVI에 대한 특권과 면제협정은 그 자체로도 중요하다. 한국이 유치한 최초의 국제기구에 대한 협정이었기 때문이다. 그 후 IVI는 우리나라가 유치한 다른 국제기구들의 특권과 면제협정 문안을 만들 때 본보기 역할을 하게 된 점에서도 의미가 적지 않았다.

IVI는 이렇게 중요한 협정 체결임에도 불구하고 장래는 여전히 희망의 빛이 보이지 않았다. 가장 중요한 예산확보 문제가 해결될 조짐이 전혀 없었던 것이다.

미운 오리새끼 구하기

그러던 중 1998년 여름 어느 날, 나는 미국인들이 입양을 할 때 장애아들을 선택하는 경우가 많다는 이야기가 갑자기 기억이 났다. 어쩌면 냉정한 미국 정부와는 달리 미국인 개인들은 IVI에 호의적일지도 모른다는 생각이 들었다. 그리고 미국뿐만 아니라 유럽 및 호주의 세계적으로 저명한 백신학자들이 IVI 이사로서 무료로 봉사하고 있다는 점도 다시금 생각이 났다.

그렇다면 인도주의 사업인 IVI를 미국의 시사주간지인 〈타임TIME〉이나 〈뉴스위크Newsweek〉지에 홍보하여 미국인들로부터 모금하는 방법을 시도해 보면 어떨까 하는 생각이 들었다.

며칠 뒤 나는 이러한 아이디어를 UNDP 선발요원으로 몇 년 전부터 한국에 와서 근무하고 있던 리치 마호니Rich Mahoney 박사에게 얘기하고 그의 의견을 물었다. 마호니 박사는 좋은 생각이라고 하면서 먼저 빌 게이츠 재단에 후원요청 제안서를 내는 것이 어떻겠냐는 의견을 제시했다. 나는 즉시 추진해 보자고 했다. 이에 마호니 박사는 빌 게이츠 재단에 IVI에 대한 후원요청 제안서를 계속 보내기 시작했다.

1999년 2월말 나는 주미한국대사관으로 부임하게 되었다. 워싱턴에 도착한 후 6개월쯤 지난 1999년 가을경 나는 본부로부터 놀랍고도 반가운 소식을 들었다.

빌 게이츠 재단이 IVI에 4,000만 불을 지원하기로 결정했고 앞으로도 계속 지원하겠다는 의향을 통보해 왔다는 것이다. 빌 게이츠 재단의 대규모 지원이 시작되자 재경원에서도 태도를 바꾸어 건축비 450억 원을 추가로 지급하기로 했다는 얘기도 들려왔다.

우리 정부 내에서 미운 오리새끼였던 IVI는 화려하게 변신했다. 몇 년이 지난 다음 서울대학교 후문 근처에 최신 시설의 IVI연구소가 들어섰다. 또 우리나라의 저명 인사들로 구성된 IVI 후원회가 결성되었고 김대중 대통령 때부터는 영부인들이 IVI 명예후원회장을 맡기 시작했다.

2000년도 가을 무렵 워싱턴에 출장왔던 마호니 박사가 대사관으로 나를 찾아왔다. "당신이 IVI를 구했어"라고 하면서 고마워했다. IVI 창설멤버들이 모이면 지난 몇 년 동안 고생한 시절을 회상하면서 내 얘기를 많이 한다고도 했다.

외교부 본부에서 1년 반 동안 IVI 업무를 하면서 느낀 것은 끝없는 절망감이었다. 미국이나 일본과 같은 선진국 정부뿐만 아니라 우리 예산당국으로부터도 버림받았던 IVI는 수천억 원 규모에 달하는 예산을 확보해야 했지만 이는 누구의 눈에도 불가능한 것이었다. 그럼에도 끝까지 포기하지 않고 시도했던 미국인 독지가에게 호소하는 방법은 기적과도 같은 결과를 가져왔다.

미국인은 인도주의적 사업에 호의적일 수 있다는 사고의 전환을 하게 된 것은 새로운 관점에서 생각해 보라는 교섭기술의 원칙을 나도 모르는 사이에 사용하지 않았나 하는 생각이 든다.

지금 와서 돌이켜보면 우리나라 공무원들의 일하는 태도가 잘 반영된 사업이 IVI라는 생각이 든다. 처음에는 우리나라가 유치한 최초의 국제기구라는 점에 매료되어 여러 정부 부처들이 IVI 담당 주무부처가 되고자 치열하게 경쟁했다. 그러나 얼마 지나지 않아 예산확보에 큰 문제점이 생기자 모두 손을 떼어버렸다. 외교부 내에서도 완전히 실패한 사업으로 간주되어 직원들도 적극 기피하는 업무가 되었다.

그럼에도 나는 포기하지 않고 어떡해서든지 살려보려고 노력했지만 그 과정도 결코 쉽지 않은 가시밭길이었다. 당시 과장은 내가 중요한 일은 소홀히 하면서 망해버린 IVI를 붙들고 허송세월하는 무능한 놈이라면서 후배 직원들 앞에서 여러 번 모욕을 주기도 했다.

얼마 지나지 않아 IVI가 나와 마호니 박사의 아이디어로 다시 살아나자 그동안 IVI를 국제사기단에 속았던 사업이라면서 방치했던 외교부 간부들은 떨떠름한 태도를 취했다. 그러나 서울대 교수들은 무척 고마워했다.

상대의 입장을 존중하라
최우수 홈페이지의 구멍

내가 외교부 본부의 정보화담당관이 된 지 3개월이 되었을 무렵인 2003년 9월경 외교부 홈페이지가 엉망이라는 기사가 〈중앙일보〉 2면 톱으로 실려 장관을 위시한 간부들이 매우 화가 난 적이 있다.

〈중앙일보〉 K 기자가 문제 삼은 것은 우리 홈페이지 상에 세계 주요 도시들 간 시간을 비교하는 부분이었는데 도시의 영문 표기가 엉터리로 된 곳이 수십 군데나 되었다. 홈페이지는 우리 과에서 담당하는 업무였기에 당연히 과장이었던 내가 모든 책임을 질 수밖에 없었지만 내 입장에서는 억울한 면도 있었다.

외교부 홈페이지는 약 1년 전 전임 과장의 주도로 대대적으로 개편했다. 최신 기술과 디자인으로 새롭게 단장했다는 평가를 받아 그해 중앙부처 홈페이지경연대회에서 1등까지 한 것이다.

그로부터 약 9개월 뒤 정보화담당관이 된 나로서는 자타가 공인한 정부의 최우수 홈페이지를 살펴보기보다는 시급히 추진해야 했던 정보화사업에 온 신경을 집중할 수밖에 없었던 것이다.

기사가 실린 날 나는 오전 내내 울적한 기분을 떨쳐내지 못한 채 시간을 보내다가 점심을 먹고 난 후에야 다소 냉정을 되찾기 시작했다.

억울함에서 고마움으로

K 기자의 입장에서 한번 생각해 보았다. 대외적으로 대한민국을 대표하는 얼굴이라고 할 수 있는 외교부 홈페이지에 세계 주요 도시의 영문 표기가 수십 군데나 틀렸다는 것은 나라 망신이라고 판단했을 것이다. 또 이렇게 중요한 일을 엉터리로 해놓은 공무원은 혼이 나야 한다고 생각했을 수도 있다.

가만히 생각해보니 지난 1년 동안 외교부 홈페이지를 이용했던 외국인들이 비웃었을 수도 있는 황당한 오류를 그 덕분에 알게 되었고 시정할 수 있다는 점에서 의미가 있는 것 같았다.

아침에는 그렇게 미웠던 K 기자가 슬슬 고마워지기 시작했다. 그와는 일면식도 없는 사이였지만 외교부 기자실에 근무하고 있던 그에게 전화했다.

"정보화담당관을 맡은 지 3개월밖에 되지 않은 내가 책임을 다 져야 하는 것은 다소 억울한 측면이 있다고 생각합니다. 하지만 우리나라나 외교부가 대외적으로 계속 망신당할 수 있었던 것을 막아주었다는 점에서 K 기자님께 감사하게 생각합니다."

K는 아무 말도 하지 않았다. 그런데 약 30분쯤 지나자 웬 키 큰 젊은 이가 우리 과로 들어왔다.

"과장님 계십니까?"

내가 과장이라고 하자 자신은 방금 통화했던 K 기자라고 했다.

"과장님이 그렇게까지 말씀하시니 차마 2탄은 못 올리겠습니다. 기사는 이미 다 써 놓았습니다만."

나는 속으로 무척 놀랐지만 태연하게 물었다.

"2탄은 또 뭡니까?"

K는 이렇게 말했다.

"오늘 아침 기사는 영문 표기상 오류에 관한 것이었지만 2탄은 내용에 관한 것입니다. 외교부 홈페이지에 예루살렘이 이스라엘의 영토라고 표시되어 있더라고요. 제가 알기로는 예루살렘은 아랍 국가들도 자신들의 영토로 간주하고 있기 때문에 외교부 홈페이지에 그렇게 표시해 놓으면 큰일 날 텐데요."

나는 고맙다고 하면서 놀란 가슴을 쓸어내렸다.

다음 날 K가 쓴 2탄이 다시 대문짝만하게 실렸으면 아랍 국가들이 우리 정부에 강력하게 항의했을 것이고, 나는 정말로 힘든 시간을 보내게 되었을 거라는 생각이 들면서 진땀이 났다.

누구라도 나와 비슷한 일을 당하게 되면 우선은 억울하다는 생각이 먼저 들 것이다. 결과적으로 기사로 자신을 공격하게 된 기자에게 분노하게 될 것이다. 평소 기자에 대한 반감이 있는 경우라면 더할 것이다.

우리 공무원은 특히 기자들의 질문에 순진하게 답변했다가 악의적으로 편집된 기사 때문에 피해를 당한 선배들의 얘기를 많이 들어서 언론에 부정적인 태도를 가지기 쉽다. 그래서 나도 기사를 접한 오전 내내 힘들었던 것 같다.

그렇지만 다행히 나는 상대방의 입장에서 생각해보는 교섭의 기술을 떠올렸고 덕분에 냉정해질 수 있었다. 당시에 내가 K에게 감정적인 반응을 보였다면 그는 당연히 내게 치명적인 2탄 기사를 게재했을 것이 분명하다. 설사 아무 대응 않고 가만히 있었다 하더라도 이미 공들여 써 놓았던 특종을 그대로 사장시키지도 않았을 것이다.

이러한 점에서 외교부 홈페이지 사건은 자신의 감정은 잠시 접어두고 상대방 입장에서 한번 생각해보고, 나아가 그의 입장을 존중하는 표현을 하는 것이 얼마나 중요한지 다시금 일깨워준 사례로 기억된다.

혈처를 찔러라
광주노벨평화상정상회의 예산 지원

2005년 4월 말경 광주시청의 K 국장이 나를 찾아왔다. 그해 9월 이
탈리아에서 개최되는 노벨평화상 수상자 정상회의World Summit of Nobel
Peace Laureates에 참석하는 김대중 대통령께 외교부가 편의를 제공해 줄
것과 2006년도 6월 우리나라 광주에서 개최되는 같은 회의에 대한 정
부 예산 7억 원을 지원해 줄 것을 요청하는 공문을 직접 들고 온 것이
었다.

　구주1과장이었던 내 입장에서 담당 공관인 주이탈리아 한국대사관
에 전직 대통령께 최대한의 의전 편의를 제공하라는 것은 전혀 문제될
것이 없었다. 우리 외교부의 중요한 업무이기도 했다. 그런데 문제는
예산 지원 요청이었다.

그 전해에 외교부가 제주도의 어느 기관에 예산을 지원했다가 국회에서 야당으로부터 정치적으로 불순한 의도가 있다고 격렬하게 공격받은 적이 있었다. 이후 매년 지방에서 추진하는 외교행사에는 일절 예산을 지원하지 않기로 기획예산처(현 기획재정부)와 합의했다는 얘기를 들었기 때문이다.

K 국장은 노벨평화상정상회의의 의미와 광주에서 개최하게 된 배경을 설명해주었다. 그 회의는 1999년 고르바초프재단과 로마시가 세계의 주요사안들을 공론화해 구체적인 해결방안을 찾자는 목적으로 시작했고 2005년까지 매년 이탈리아의 로마에서 개최됐다. 2006년 회의가 광주에서 개최된 것은 2005년 회의에 참석했던 P 광주시장이 차기 회의를 광주에서 개최하고 싶다는 김대중 대통령의 친서를 전달함으로써 이루어졌다.

나는 K 국장에게 광주노벨평화상정상회의의 중요성은 공감하지만 아마 정부 예산을 지원받기는 힘들 것 같다며 이유를 설명해 주었다. 게다가 이미 내년도 정부 예산은 거의 확정되어 지금 신청하는 것은 절차상으로도 너무 늦은 것 같다고 말해 주었다.

K 국장은 예기치 못했던 상황에 몹시 난감해했다. 나는 김대중 대통령의 위상이나 노벨평화상정상회의의 규모 등으로 볼 때 7억 원이 상대적으로 큰 액수는 아닐 것 같아 자체적으로 조달하면 되지 않겠느냐고 했다. 그는 금액상으로는 크게 부담이 되지 않지만, 정부 예산을 지원받는다는 것은 그만큼 회의가 중요하다는 상징성이 있어서 예산을

요청한다고 했다. 듣고 보니 또 일리가 있었다.

나는 고민에 빠졌다. 당시 상황으로서는 이 예산을 외교부가 신청할 리도 없거니와 설령 신청한들 칼자루를 쥐고 있는 기획예산처에서 한 푼도 줄 것 같지 않았다. 그렇다고 외교부가 예산 신청조차 하지 않는다면 광주시민들과 그 회의를 추진하는 인사들의 원망이 자자할 것 같았다.

공략 지점을 확실히 파악해야

나는 광주노벨평화상정상회의가 비록 지방에서 열리지만 상당히 상징성이 있는 외교행사이므로 외교부 예산으로 지원하는 것은 문제가 되지 않는다고 생각했다. 또한 보수 야당도 국내 정치와는 그다지 관련 없는 그 회의를 예산을 주지 못하게 막아 김대중 대통령을 몹시 섭섭하게 만드는 그런 어리석은 행동은 하지 않을 것으로 판단했다.

설령 정부 예산을 지원하지 않는 것으로 결론나게 되면 힘없는 우리 외교부가 아닌 실제 예산 결정권을 가지고 있는 기획예산처가 그 원망의 대상이 되는 것이 타당하다는 생각이 들었다. 또 공문을 직접 들고 5시간이나 고속버스를 타고 온 K 국장이 빈손으로 돌아가야 한다는 사실이 가슴 아프기도 했다. 결국 나는 K 국장에게 상황을 설명하면서 예산 확보하는 일을 도와주기로 했다.

예산 지원은 우선 열쇠를 쥐고 있는 기획예산처를 설득하는 것이 중요하다. 실무진 차원에서는 반대할 것이 분명하다. 혹시 기획예산처 고위직에 아는 사람이 있으면 찾아가 부탁해 보는 것이 좋겠다고 했다. 만약 기획예산처에서 지원을 결정하면 외교부에서 예산을 요청하는 공문을 기획예산처로 보내겠다고 약속했다.

나의 이러한 약속은 어떻게 보면 위험하다고도 할 수 있었다. 통상적으로 외교부 예산은 구주1과와 같은 과별로 작성한 뒤 각 실·국별로 취합하여 우리 부에서 예산을 총괄하는 기획예산담당관실로 보내게 된다. 여기서 수정을 거쳐 기획예산처로 보내는 것이 통상 절차이다.

다시 말해 광주노벨평화상정상회의 지원 예산을 기획예산처에서 요청할지 여부는 기획재정담당관실이 담당하고 있는 것이지 구주1과와 같은 지역 과에서 결정할 사안이 아니었던 것이다. 쉽게 말하자면 월권이라고 할 수 있다. 그렇다고 기획재정담당관실에 이 사안을 들고 가면 일언지하 거부당할 것이 뻔했기에 나 나름대로 모험을 한 것이었다.

K 국장은 나의 조언에 감사하며 광주로 돌아갔다. 나는 기획예산처에도 이 일을 알려주어야 될 것 같아서 담당 사무관에게 전화했다. 기획예산치 사무관은 자신 있게 말했다.

"과장님, 걱정하지 않아도 됩니다. 이 건은 저희 선에서 처리하겠습니다. 외교부와 합의한 바와 같이 지방에서 하는 외교행사에 정부예산을 지원할 수는 없습니다. 또 예산 절차상으로도 이미 늦었습니다. 만약 광주노벨평화상정상회의가 그렇게 중요한 행사였다면 얼마 전 국회에서 내년 예산을 심의할 때 광주 출신 국회의원들이 저희에게 당연히 쪽지를 주었을 것이고 그랬다면 아마 이미 반영되었을 것입니다."

나는 광주시청이나 김대중 대통령재단 측에서 그 회의를 중요하게 생각하지 않아서 광주 출신 국회의원들에게 협조를 요청하지 않았던 것이 아니고 외교부에서 결정하는 것으로 잘못 알고 그랬을 것이라고 짐작했다. 어쨌든 나중에 일이 잘못된다 하더라도 광주시청이나 기획 예산처가 우리 외교부를 비난하는 일은 없을 것이라고 확신했다.

그 일이 있은 후 몇 달이 지나도록 K 국장으로부터 아무 연락도 없었다. 어떻게 되었는지 궁금하던 차에 기획심의관에게서 전화가 왔다.

"기획예산처 외교부 담당과장이 연락이 왔는데 이 과장이 어떻게 했기에 광주노벨상정상회의 예산을 기획예산처로 급히 신청해 달라고 저렇게 사정을 합니까?"

하기야 외교부를 비롯한 모든 정부 부처들은 예산이라는 무서운 칼 자루를 쥐고 있는 기획예산처에 항상 사정을 하면 했지 지금처럼 거꾸로 되는 경우는 누구라도 듣도 보도 못한 신기한 현상임에 틀림없었다.

상황 판단의 중요성 일깨워

나는 속으로 '광주시청 K 국장의 기획예산처 고위직에 대한 교섭이 성공했구나!' 하고 생각했다. 이제는 우리 입장에서 급할 것이 없었다. 나는 심의관에게 물어보았다.

"기획예산처에서 얼마를 지원해 주기로 했답니까?"

"상징적으로 2억 원을 지원해 주는 것으로 합의했다고 합니다."

나는 배짱을 부렸다.

"저희 구주1과에서는 그런 예산을 어떻게 작성해 신청하는지 모르니까 기획예산처에서 초안을 만들어 보내주면 공문으로 신청하도록 하겠습니다."

놀랍게도 기획예산처에서는 금방 그 회의에 대한 예산 신청 초안을 보내왔다. 우리 과에서는 그 내용 그대로 공문을 작성하여 기획재정관실을 통해 기획예산처로 송부했다.

며칠 지나지 않아 우리과로 찾아온 광주시청의 K 국장을 통하여 그간의 진행상황을 소상히 들을 수 있었고 고맙다고했다.

며칠 뒤 광주시장이 기자회견을 했다. 광주노벨평화상정상회의와 관련 외교부는 적극적으로 도와준 반면 기획예산처와 광주 지역구 국회의원들은 소극적이었다는 발언을 했다.

갑자기 우리 과가 바빠졌다. 화가 난 국회의원들이 회의와 관련한 우리 과가 작성하여 기획예산처로 보낸 모든 공문을 보자고 했기 때문이다. 자신들이 언제 소극적이었는지 광주시장에게 근거를 대라고 한 것이었다.

만약 내가 K 국장이 왔을 때 "외교부로서는 지방행사에 대한 지원을 하지 않기로 결정한 것으로 알고 있습니다."라고 원칙적인 답변만 고수했다면 광주시청 측은 우리 외교부를 원망했을지도 모른다. 나중에 외교부 고위직 인사를 접촉하여 요청했을 수도 있다. 이 경우 외교부로서는 기획예산처에 다시 부탁해야 하는데 시간이 촉박하여 문제가 심각해졌을 수도 있다.

나의 조언대로 광주시청이 외교부를 거치지 않고 곧바로 기획예산처와 직접 접촉하여 예산 지원을 약속받았던 때는 예산 확정 시점이 3일밖에 남지 않은 순간이었다. 이렇게 예산 마감 시간이 얼마 남지 않았기에 기획예산처 과장도 우리 심의관에게 급하게 예산 신청 공문을 보내 달라고 요청했던 것이다.

이 사례는 교섭 이전의 주요 단계인 상황 판단의 중요성을 일깨워주고 있다. 나는 그 전 해에 제주도의 한 기관에 예산을 지원하여 야당으로부터 맹비난을 받은 사례와 광주노벨평화상정상회의는 근본적으로 다르다고 판단했다.

우선 제주도 사례는 수백억 원을 지원한 반면 광주 행사는 수억 원으로 지원 규모가 훨씬 작았다. 또 노벨평화상정상회의는 정부가 지원할 만한 주요 외교행사라고 볼 수 있다. 오히려 외교부가 일언지하에 지원 요청을 거절했다면 후폭풍을 감당하기 힘들었을 것이다.

이러한 나의 판단은 상당히 정확했다는 것이 입증되었다. 결과적으로 외교부는 별 힘 들이지 않고 광주시청으로부터 감사하다는 소리를 들었고, 기획예산처는 고생은 고생대로 하고 소극적이라는 얘기를 듣게 되었다. 그러나 기획예산처도 내가 사전에 상황을 설명했기 때문에 외교부에 불만을 표출하지는 않았다. 새삼 이런 것이야말로 외교교섭의 힘이라는 생각이 들었다.

때로는 정면 돌파하라
활빈단 회장과의 면담

2006년도 여름 어느 날 오후, 내 앞 책상에서 조용히 전화를 받고 있던 P 사무관이 갑자기 일어나 큰 소리로 화를 내기 시작했다. 처음에는 별 생각 없이 내 일을 계속하다 고성이 끝날 기미가 보이지 않아 무슨 일인지 물어보았다.

얼마 전 프랑스 국영TV 방송에서 우리 독도 관련 특집방송을 하기로 했다가 프랑스에 있는 일본대사관의 방해로 방영이 되지 못한 것을 국내 언론에서 보도한 적이 있었다. 이에 화가 난 '활빈단'이라는 시민단체 회원들이 외교부 청사 1층 로비까지 들어와 일본의 책동을 막지 못한 주 프랑스 한국대사의 소환과 구주1과장과의 면담을 요구하고 있었던 것이다. 따라서 P 사무관은 허가도 받지 않고 외교부 청사 안으로 난입한 활빈단원들을 막지 못한 청사관리인에게 화를 내고 있는 중이었다.

나는 위기가 닥쳤음을 직감했다. P가 이 건으로 통화하고 있는 시간만도 이미 5분 이상이 지났다. 이제 이슈는 우리 프랑스대사의 소환이 아니라 구주1과장인 내가 1층으로 내려가느냐 마느냐는 문제로 바뀌었던 것이다.

위기가 닥쳤을 때에는 정면 돌파해야지 피하면 오히려 더 위험해질 수 있다. P의 만류에도 불구하고 나는 즉시 내려가 보기로 했다.

이미 1층 로비에는 활빈단원으로 보이는 예닐곱 명 주위로 많은 사람들이 모여 있었다. 대표로 보이는 할아버지의 얼굴에는 땀방울이 맺혀 있었다. 더운 여름 외교부 청사까지 오느라 힘이 들었던 모양이다.

긴장된 상황이었지만 불현듯 나는 그들의 입장이 맘속에 그려졌다. 그들은 애국심에서 힘든 일도 마다 않고 애쓰고 있다고 생각할 것이다. 나는 대표 할아버지 앞으로 나가서 인사했다.

"제가 구주1과장입니다."

할아버지는 내려오지 않을 줄 알았던 과장이 갑자기 나타나서인지 약간 당황한 표정을 지으면서 아무 말도 하지 않았다.

"이리 더운 날 어르신들께서 나라를 위해 열심히 봉사해주시는 데 대해 감사드립니다."

순간 대표 할아버지의 눈에 눈물이 어리는 것을 보았다.

"어르신들의 말씀도 맞지만 국제사회는 냉정한 곳입니다. 국력이 강한 일본은 다른 나라에 대한 영향력이 우리나라보다 큽니다. 그래서 프랑스도 일본 눈치를 본 것이지 우리 프랑스 대사가 잘못했다고 할 수는 없습니다. 만약 이번 일로 우리 쪽에서 책임져야 할 사람이 있다면 프랑스 대사가 아니라 주무 과장인 저라고 할 수 있습니다.”

조용히 듣고 있던 대표 할아버지는 돌연 단원들을 돌아보았다.

“여보게들, 과장님 말씀을 들어보니까 우리가 여기서 이럴 게아니라 일본대사관 앞에 가서 데모를 해야 되겠네.”

나는 속으로는 안도하면서 한편 재미있게도 느껴졌다. 활빈단원들이 공무원에게 ‘님’자를 붙일 분들은 아닌데 싶었던 것이다.

“그런데 과장님, 한 가지 부탁이 있습니다.”

순간 다시 긴장이 되었다. 부탁이 뭔지 물었다.

“저희가 준비해 온 것이 좀 있는데… 과장님하고 기념사진이라도 찍고 돌아가고 싶습니다.”

그렇게 하시라고 했더니 큰 가방에서 무언가를 주섬주섬 꺼냈다. 그것은 구호가 적힌 큰 현수막이었다. 나는 이번에 활빈단에서 단단히 준비해 왔구나 하는 생각에 다시 한 번 놀랐다.

우리는 그 현수막 앞에서 모두 웃는 얼굴로 사진을 찍었다. 그리고는 활빈단 일행을 외교부 청사 후문까지 배웅해 드렸다.

그 일이 있은 며칠 뒤의 일이다. 외교부 1층 로비에서 누가 내 어깨를 툭 쳤다. 깜짝 놀라 돌아보았더니 〈연합뉴스〉 외교부 팀장 L이 웃으며 서 있었다.

"얼마 전 활빈단을 상대로 잘 하던데… 기사거리가 생길 것 같아서 나도 처음부터 쭉 지켜보고 있었는데 말이야. 나 말고도 기자 여러 명이 보고 있었어."

그때 구경꾼들 속에 외교부 출입기자들까지 지켜보고 있었다는 말에 나는 진땀이 났다. 만약 내가 그날 1층으로 내려가지 않았다면 다음 날 조간신문에는 '끝내 나타나지 않았던 외교부 구주1과장'이라는 제목의 박스기사가 실렸을 것이라고 생각한다.

사실 출입허가를 받지 않고 외교부로 밀고 들어온 활빈단원들의 행동은 잘못됐다고 할 수 있다. 이에 대해 P가 화를 낸 것은 타당한 측면이 있다. 그러나 언론의 입장에서는 그런 형식적인 절차보다는 독도라는 우리 영토에 대해 잘못된 일이 생겼을 때 국민들이 바로잡겠다고 나서는 것을 더 중요하게 볼 수도 있다. 따라서 활빈단원들이 이미 난입한 상황에서 이를 막지 못한 청사관리인만 탓하면서 내가 1층으로 내려가지 않았다면 로비는 계속 시끄러웠을 것이고 훌륭한 기사거리가 되었을 것이다.

더운 여름날 땀을 뻘뻘 흘리면서도 국가를 위해 봉사하고 있다고 굳게 믿고 있는 활빈단 할아버지들의 입장에서 따뜻한 말 한마디를 해줌으로써 하마터면 굉장히 어려워질 수 있었던 상황을 사전에 방지할 수 있었던 것이다. 이것은 상대방 입장에서 생각하라는 LSP 원칙을 잘 지킨 사례라고 생각한다.

눈높이에서 말하라
국회의원 보좌관 설득

상대방의 입장에서 말한다는 것이 생각보다 쉽지 않을 때가 많다. 특히 별다른 잘못이 없는데도 피해를 입었다고 생각되는 상황이라면 더욱 그러하다. 자신의 감정도 잘 다스리는 동시에 상대방의 입장에서 생각하고 말해야 하는 것이니 더욱 쉽지 않다. 그런 때일수록 냉정해지는 것이 중요하다.

외교현장은 상대 입장에서 생각하고 말해야 하는 것을 늘 실천해야 하고 경험하게 된다. 상대 입장에서 이야기한다는 것은 두 가지 경우가 있다. 첫 번째는 상대의 마음을 이해하고 그 입장에서 대화하는 것이다. 두 번째는 상대방이 쉽게 알아들을 수 있는 말로 얘기하는 것이다. 그렇지 않으면 아예 무슨 말을 하는지 못 알아듣는 경우가 발생할 수도 있기 때문이다.

나중에 생각해 보니 첫 번째뿐만 아니라 두 번째도 LSP 교육에서 이미 배웠던 내용이다. 즉, 전산실장을 만날 때는 주로 기술적인 용어를, 경리담당 부사장을 만날 때에는 금융 및 회계 용어 등을 주로 사용해야 상대방이 잘 이해한다는 것이다.

그렇게 배운 것들을 새까맣게 잊어버리고 살던 어느 날, 딸을 통해서 상대방이 이해하기 쉬운 말로 얘기하는 것이 얼마나 중요한가를 다시금 깨닫게 되었다.

2000년 10월 3일 개천절이었다. 당시 주미한국대사관에서 근무하고 있던 나는 대사관도 한국의 4대 공휴일에 쉬는 관례에 따라 출근하지 않고 집에서 늦잠을 자고 있었다. 초등학교 1학년이었던 딸은 학교에 가려고 집을 나서다 내가 출근하지 않은 것이 이상했던지 "아빠, 오늘 대사관 안 가?" 하고 물었다. 나는 아무 생각 없이 대답했다.

"응, 오늘 개천절이라서 대사관 안 가도 돼."

"그런데 개천절이 뭐야?"

생각지 못했던 딸의 질문에 적잖게 당황했던 나는 어릴 때 학교에서 배웠던 단군신화에 대하여 장황하게 설명하기 시작했다.

'그게 말이지, 옛날에 사람이 되고 싶었던 곰하고 호랑이가 있었는데 …'

아마도 20분은 넘게 얘기했던 것 같다. 내 얘기를 한참 듣고 있던 딸은 이해가 잘 되지 않는지 한동안 고개를 갸우뚱거렸다. 그러더니 자신

있게 결론을 내렸다.

"아하~ 그러니까 개천절은 우리나라 생일이구나!"

내 마음속에서는 뒤늦은 후회가 밀려왔다. 초등학교 1학년에게는 개천절이 우리나라 생일이라고 얘기하면 되는 것이었다. 나도 반신반의하고 있는 단군신화를 설명하느라 고생했을 뿐만 아니라 시간도 많이 허비했던 것이다. 딸의 눈높이에서 설명했다면 쉽게 이해하고 금방 학교로 출발할 수 있었을 텐데 하는 아쉬움이 들었다.

모든 사람이 전문가는 아니다

그 후 이런 경험을 이용하여 좋은 성과를 거둔 일이 있었다. 내가 국회에 의원외교자문관으로 파견되어 있었던 2013년 1월경의 일이다. 대선이 끝난 직후 신정부가 통상기능을 외교통상부에서 지식경제부(현 산업통상자원부)로 이관할 것이라는 소문이 파다했다.

어느 날 외교통상부의 K 국장이 국회 본관 지하 1층에 있던 내 방으로 찾아왔다. 나와 외교부 입부동기였던 K는 국회의원 보좌관들에게 통상은 계속 외교통상부에서 맡아야 한다는 것을 설득하러 왔던 것이다. 당시는 P 대통령 당선인의 강력한 의지에 따라 통상업무는 지경부로 이관된다는 것이 정설로 통하고 있을 때였다. 대부분이 몸을 사리고 있었는데 K는 내가 보기에도 용감하게 행동하고 있었다. K는 통상기능이 왜 외교통상부에 남아야 하는가에 대해 자세하게 작성한 보고서를 나에게 보여주었다.

나는 초임 사무관 시절 통상국에 근무한 적이 있어서 A4 5장 분량에 적혀 있던 논점들을 어느 정도 이해했다. 하지만 그 보고서는 기본적으로 통상전문가의 관점에서 작성되어 정치 분야 전문가인 국회보좌관들을 납득시키기는 어려워 보였다. 그래서 K에게 그러지 말고 쉽게 얘기하는 것이 좋겠다면서 다음과 같은 비유를 들려주었다.

"서울에서는 일식집과 스파게티 식당을, 세종시에서는 자장면 가게를 운영하고 있던 여주인이 있었어. 그녀가 하루는 가만히 생각해 보니까 스파게티와 자장면은 모두 국수로 만드니까 두 식당을 하나로 합치면 경비 절감 차원에서도 큰 효과가 있을 것 같았지. 또 한 식당에서 국수만 전문적으로 다루니까 품질도 좋아질 것으로 생각되어 스파게티 식당을 세종시로 옮겨 자신의 자장면 가게에서 스파게티도 팔려고 결정한 거야. 그런데 이 계획은 표면적으로는 그럴 듯해 보였지만 자세히 들여다보면 오히려 망하는 지름길이었어.

왜냐하면 첫째, 스파게티와 자장면 국수는 만드는 방법이 서로 완전히 다른 별개의 제품이야. 둘째, 스파게티와 일식집에 오는 손님은 수준이 비슷하여 일식집에 왔다가 스파게티 집에도 갈 수 있고 그 반대의 경우도 성립하지. 하지만 자장면과 스파게티를 찾는 손님은 서로 수준이 다르기 때문에 서울 일식집 손님이 대폭 감소할 위험이 있었어. 셋째, 스파게티가 전문인 주방장에게 세종시로 가라고 하면 오히려 사표를 내고 서울에 있는 다른 스파게티 식당에 취업할 가능성이 커. 때문에 세종시로 옮긴 스파게티 가게는 맛이 없다고 소문이 나서 파산할 가능성이 커질 수밖에 없지."

내 얘기를 들은 K는 재미있다는 듯 웃으면서도 그렇게 유치한 설명을 어떻게 의원 보좌관들에게 할 수 있느냐는 식의 반응을 보였다.

그랬던 K를 약 6개월 뒤 외교부 입부 동기들 모임에서 다시 만났다. 그는 그때 나의 비유가 예상치 못한 반응을 가져왔다며 엄청 고마워 했다. K는 처음 준비해갔던 자료들을 아무리 열심히 설명해도 보좌관들이 그다지 긍정적인 반응을 보이지 않았단다. 그러다 갑자기 내가 얘기해준 음식점 여주인 비유가 생각나서 얘기해주었더니 보좌관들이 뜨거운 반응을 보였다는 것이다.

K의 얘기를 들은 보좌관들은 여당, 야당 할 것 없이 모두가 이구동성으로 통상 기능을 지경부로 이전하는 것에 반대하기 시작했다고 한다. 하지만 당시 P 대통령 당선인의 의지가 너무 강해 결국 통상이 지경부로 넘어가는 것을 막지는 못했다. 그래도 K는 최소한 중요한 국회를 설득하는 데 있어서는 상당한 성공을 거두었다고 자평하고 있었다.

이 사례는 주로 정치적 업무를 보고 있는 의원보좌관들에게 통상이라는 생소한 전문 분야에 대해 설득해야 하는 업무이다. 이럴 경우 통상 전문가들이 사용하는 어려운 용어가 아닌 일반인의 입장에서도 이해하기 쉬운 말로 설명하는 것이 훨씬 효과적인 설득방법이 된다. 눈높이 교섭이 얼마나 중요한지를 보여준 좋은 사례라 할 수 있겠다.

4장

논리적으로
대응하라

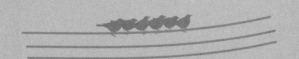

교섭에서 꼭 필요한 것은 논리적 사고다.
상대방을 설득하고자 하는가.
하고 싶은 말이나 생각을 논리적으로 전달하라.

납득할 수 있는 이유를 대라
놓쳐 버린 동해 병기의 기회

2000년 4월경은 내가 주미대사관 경제과에서 1등서기관으로 근무하고 있던 때다. 동해표기와 관련 외교부에 자문하고 있던 서울대학교의 L 교수가 마침 워싱턴으로 출장을 왔다.

본부 유엔경제과에서 근무할 때 동해표기 업무를 담당했던 옆자리의 후배 C 사무관으로부터 L 교수에 관한 얘기를 가끔 들은 적이 있었다. L 교수는 미국지명위원회 산하기관인 외국지명위원회에 동해병기의 필요성을 설명하러 왔다고 했다. 동해문제와 관련하여 한국 인사가 그 위원회를 방문하게 된 것은 자신이 처음이라면서 상당히 좋아했다.

다음 날 나는 L 교수를 따라 외국지명위원회를 방문했다. L 교수는 사무총장 앞에서 파워 포인트를 사용해 동해를 일본해와 병기해야 하는 필요성에 대해 약 30분간 열심히 설명했다. 다 듣고 난 사무총장은 마침 1주일 뒤에 미국지명위원회가 개최되는 만큼 그 자리에서 L 교수가 설명한 것을 보고하겠다고 했다.

나는 세계의 지명 결정에 대단한 영향력을 가지고 있다고 들었던 미국지명위원회라는 말에 호기심이 생겼다.

"제가 위원회에 옵서버observer로 참석해도 되겠습니까?"

"그럼요, 아무 문제없습니다."

놀랍게도 사무총장은 아주 쉽게 승낙해 주었다. 사실 나는 밑져야 본전이라는 심산으로 물어보았는데 너무 쉽게 허락을 받게 되어 오히려 놀랐다. L 교수와 같은 전문가도 산하기관인 외국지명위원회를 처음으로 방문하게 되었다고 기뻐했던 상황에 비추어 봤을 때 나 같은 외교관이 미국지명위원회 공식회의에 참석하게 된 것은 아무리 생각해도 상당히 이례적인 일임이 분명했다.

어쨌든 나는 동해병기 업무를 제대로 맡아 한 적도 없었고 유엔경제과에서 귀동냥으로 들었던 것이 전부였다. 그런 내가 우리 외교관들 중 최초로 미국지명위원회에 참석하게 된 것 같아 다소 당황스러웠다. 더욱이 동해병기 문제에 있어 매우 중요한 역할을 하고 있는 지명위원회에 나 같은 아마추어가 가서 오히려 일을 망치게 되면 어떡하나 하는 걱정도 들었다.

그렇지만 1990년대 초 유엔국이 생긴 이래 최초로 주미한국대사관으로 오게 된 나로서는 일종의 사명감을 느꼈다. 지금도 그렇지만 그 당시에도 동해병기 문제는 유엔국과 유엔대표부에서 주무를 맡았기 때문에 주미한국대사관 직원들에게는 생소할 수밖에 없는 이슈였다.

비록 내가 동해병기 문제를 본격적으로 맡아서 한 적은 없었지만 그 업무의 주무과였던 유엔경제과에서 어느 정도 분위기 파악은 하고 있었다. 그런 만큼 최소한 주미한국대사관에서는 내가 상대적으로 적임자라는 생각이 들었다. 또한 발언권도 없는 옵서버 자격의 참석이니 크게 걱정할 필요가 없을 것 같았다.

그렇지만 가능한 범위 내에서는 준비를 해야겠다는 생각에 다음 날 미국지명위원회 부위원장을 맡고 있던 미국 국무부의 D를 만나러 갔다. 일본과 첨예하게 대립하고 있던 동해병기 문제는 미 국무부에서도 민감하게 생각했던지 D와의 면담에는 국무부 직원이 동석하여 대화 내용을 꼼꼼하게 기록했다.

사실 나는 D와의 만남에 그다지 큰 기대는 없었다. 왜냐하면 나는 미국지명위원회가 동해를 일본해와 병기하는 것에 대해 반대 입장을 표명해 왔다는 사실을 이미 알고 있었다. 따라서 D나 지명위원회로부터 입장 변화를 바라는 것은 어려울 것이라고 판단했기 때문이다.

그럼에도 불구하고 나는 D에게 미국지명위원회가 어떻게 구성되며 동해병기 문제처럼 다른 외국 지명이 문제가 된 적은 없었는지 등의 질문을 계속했다. 약 30분이 지났을 무렵 갑자기 D는 내가 열심히 하는 모습이 보기 좋았던지 한 가지 좋은 정보를 주겠다고 했다.

동해 병기를 위한 알짜 정보

D는 미국지명위원회가 반대한 표기방식은 동해/일본해, 즉 '/, 슬래시' 형식의 병기이며 일본해(동해), 즉 '( )' 괄호 형식의 병기에는 반대하지 않는다는 것이었다.

나는 깜짝 놀랐다. 내가 유엔경제과에서 C 사무관으로부터 얼핏 들었던 동해병기의 방식에는 ( )형식의 병기도 포함되어 있었던 것 같았기 때문이었다.

D는 '/' 슬래시 형식의 병기는 국제사회에서 혼동할 가능성이 있기 때문에 위원회에서도 반대하지만 '( )' 괄호 병기는 반대하지 않는다며 분쟁이 있는 외국 지명과 관련 '괄호' 병기를 여러 차례 허용한 적이 있다는 것이었다.

다만 미국지명위원회 위원들이 지도 제작자들인 관계로 그렇지 않아도 여백이 별로 없는 세계지도에 추가적으로 '( )' 괄호 표기를 하게 되면 지도가 지저분하게 보이기 때문에 당사국들이 요구하지 않는 한 먼저 해주겠다고 얘기하지 않는다는 것이다. 그리고 D는 다음 주 개최되는 지명위원회 회의 때 이런 내용을 발표하겠다고 약속했다.

일주일 뒤 나는 다소 떨리는 마음으로 미국지명위원회의 전체회의에 참석했다. 그 위원회에는 정회원인 9개 미국 정부부처 대표들과 부회원인 수십 개 정부기관 대표들이 참석하고 있었다.

나는 D에게 정회원과 부회원의 기준은 무엇인지 물어보았다.

D는 미국 정부 부처들 중에서 내무부, CIA, 국무부 등과 같이 지도를 제작하는 부처이거나 의회도서관과 같이 지도를 많이 사용하는 부처가 정회원이라고 설명해 주었다. 또한 미국 정부 내에서 지도를 가장 많이 만드는 부처인 내무부의 대표가 관례적으로 위원장을 맡아 왔다고도 덧붙였다.

흥미로웠던 점은 외국 정부에서는 유일하게 영국 국방부 대표가 참석하고 있었다는 것이다. 역시 미국과 영국은 매우 가까운 사이라는 것을 다시금 느끼게 되었다.

나는 옵서버 자격으로 뒷자리에 앉아서 회의가 진행되는 광경을 흥미롭게 지켜보고 있었다. 회의 중간에 외국지명위원회의 사무총장이 한국의 L 교수가 일주일 전에 와서 동해병기와 관련하여 한국 입장을 설명하고 갔다고 간단하게 보고했다.

나는 L 교수가 그토록 정성스레 자료를 준비해 와서 30분이나 열심히 설명했던 것에 대해 사무총장이 위원회에서 한 마디밖에 하지 않는 것을 보았다면 몹시 섭섭해 할 것 같았다. 그런데 그 순간 갑자기 위원장이 나를 무척 당황스럽게 했다.

"그럼 마침 오늘 한국 대표가 와 있으니 동해 표기 문제와 관련하여 한국의 입장을 한번 들어봅시다."

순간 회의장에 있던 모든 사람들의 시선이 나를 향하기 시작했다. 나는 동해를 일본해와 같이 병기해야 한다는 것만 알고 있었지 그에 대한 역사적 배경이나 일본 측 주장에 대한 반박논리 등은 잘 모르고 있었다. 더구나 그 위원회에서 내가 한국 대표로 발표할 줄 알았더라면 친정인 유엔경제과로부터 자료를 받아 어느 정도 준비를 했을 텐데 그때는 완전 무방비 상태였다. 어쩔 수 없이 일어설 수밖에 없었던 나는 그야말로 눈앞이 캄캄해졌다. 그러나 이 모든 것은 내가 자초한 일이므로 누구를 원망할 상황도 아니라는 생각이 들면서 약간 마음이 편해지기 시작했다.

이제는 정면 돌파를 하는 수밖에 없다고 마음을 굳게 먹었다. 나는 가급적 미국인들의 입장에서, 미국인들의 가슴에 와 닿을 수 있는 내용 위주로 천천히 그러나 상당히 더듬거리면서 발언하기 시작했다.

우선 나는 미국인들의 아픈 기억인 1941년 일본의 진주만 공격을 언급하면서 은근히 우리나 미국이나 일본에게 피해를 당한 같은 입장이라는 사실을 암시하고자 했다. 그런데 신기하게도 그 말이 끝나자마자 1941년에 일본이 우리 민족에게 창씨개명을 강요했다는 내용이 생각났다. 내가 미국지명위원회에서 즉흥적으로 하게 된 발언의 요지는 다음과 같다.

"1941년 일본이 여러분의 진주만을 기습 공격했던 바로 그해 일본은 전 세계 식민지 역사상 유례없는 잔인한 짓을 한국인에게 자행했습니다. 그것은 한국인의 성과 이름을 강제로 일본식으로 바꾸는 것이었습니다. 한국인은 매우 결연한 의지를 나타낼 때 '이 일을 못한다면 내 성을 갈겠다.'라는 표현을 쓸 정도로 성을 바꾼다는 것은 죽음보다 싫어하는 일이라는 것을 의미합니다. 그런데도 일본인들은 모든 한국인들의 성뿐만 아니라 이름까지 일본식으로 바꾸었습니다. 아예 한국 민족을 뿌리째 없애려 한 것입니다.

그들은 우리 민족의 성과 이름을 바꾼 것도 모자라 우리의 바다 이름도 동해에서 일본해로 변경해 버렸습니다. 그 후 일본은 패전했고 한국인은 자신들의 성과 이름을 되찾았습니다. 그러나 우리는 아직도 우리 바다의 이름은 되찾지 못했습니다.

일본의 과거 잔인한 행동에도 불구하고 이제 한국인은 일본을 용서하고 평화롭게 살아가려 하고 있습니다. 그렇지만 우리가 매일 보고 듣는 미국의 신문과 방송은 계속 일본해라는 표현만 사용함으로써 아직도 빼앗긴 바다를 찾지 못한 아픈 상처에 소금을 뿌리고 있습니다.

그렇다고 해서 우리가 현실을 완전히 부정하고자 하는 것은 아닙니다. 지금 세계적으로 일본해가 많이 사용되고 있는 상황에서 '동해/일본해' 형식으로 병기를 한다면 혼란이 올 수 있다는 미국지명위원회의 우려를 충분히 이해하고 있습니다. 그렇기 때문에 현실적으로 가능한 '( )' 괄호 병기를 요청하고자 하는 것입니다."

내 발언이 끝난 직후 D는 미국지명위원회의 공식입장은 '/' 슬래시 병기를 반대하는 것이지 '( )' 괄호 병기를 반대하는 것은 아니라면서 동해의 '( )' 괄호 병기 표기 여부는 각 부처에서 자체적으로 결정하면 된다고 발언했다. 이어서 위원장은 미소를 띠면서 "동해병기 문제는 방금 전 한국과 국무부 대표의 발언을 잘 참고하셔서 각 부처에서 알아서 결정해 주시면 되겠습니다."라고 결론내렸다.

회의가 끝나자마자 중앙정보국CIA 대표는 나에게 다가와서 그해 9월에 발행되는 CIA 지도에 동해를 병기해 주겠다고 약속했다. 국무부 대표인 D도 새로 나오는 국무부 지도에 동해를 병기하겠다고 약속했다. 다만 D는 자신들의 지도는 5년마다 발간되고 주로 해외에 있는 미국대사관에서만 사용되기 때문에, 매년 발간되고 전 세계적으로 많이 사용되어 미국의 정부지도로 인식되고 있는 CIA 지도에 병기되는 것이 큰 의미가 있을 것이라고 얘기해 주었다.

D의 말처럼 미국 정부에서 발간하는 세계지도라고 하면 일반적으로 CIA 지도를 지칭하는 것인 만큼 여기에 동해가 병기된다면 미국 정부에서 동해를 병기하기로 결정했다는 의미로 해석될 수 있다. 또한 미국지명위원회에서 '( )' 괄호 병기를 반대하지 않는다는 것을 확실하게 확인한 것도 상당한 수확을 거둔 것이라 생각되었다.

물론 미국지명위원회의 이러한 조치는 이론적으로 미국 정부기관에만 해당되는 것이다. 그러나 지금도 그렇듯이 세계 최강국인 미국 정부가 결정한 표기 정책은 미국의 언론기관을 비롯 대다수 국가들이 따르고 있기 때문에 사실상 국제사회에서 동해병기는 성공했다고 볼 수 있었던 것이다.

나는 미국지명위원회에서 있었던 일을 본부의 S 유엔경제과장에게 전화로 먼저 알려준 뒤 전문으로 상세하게 보고했다.

S 과장은 나보다 더 흥분한 것 같았다. 그리고 본부에서 전 재외공관으로 보내는 주요 소식 전문에 미국 정부가 동해병기를 허용했다는 내용이 실렸다.

며칠 뒤 S 과장이 나에게 전화를 걸어 왔다. 미국지명위원회의 동해병기 허용 결정을 국내 언론에 알려도 되겠냐는 질문이었다.

나는 미 국무부의 D에게 의견을 물어보았다. D는 국무부 내에 일본을 지원하는 인사들이 많아서 언론에 보도되면 동 결정을 번복하려고 할지 모른다고 우려했다. 그래서 올해 9월 새로 발간되는 CIA 지도에 동해 병기가 표기될 때까지 조용한 행보를 하는 것이 좋겠다는 의견을 제시했다. 나는 그의 말에 동의했고 S 과장에게 연락하여 언론에는 당분간 내지 않도록 하자고 얘기했고 그도 찬성했다.

다빛은 떡도 못 삼켜

그런데 며칠 뒤 미국 국무부 한국과 부과장이 우리 대사관 경제과장이었던 C 참사관에게 전화를 걸어왔다. 마침 나는 C 참사관의 결제를 받느라고 참사관의 책상 앞에 앉아 있었기에 대화의 내용을 들을 수 있었다. 당시 부과장이 언급했던 요지는 다음과 같다.

D는 동해병기와 같이 중요한 문제에 대한 국무부의 입장을 미국지명위원회에서 발표하려면 사전에 지역과와 협의했어야만 했다. 하지만 사전협

의를 하지 않은 것은 우리 국무부 내부의 문제이다. 일단 정부 간 위원회인 지명위원회에서 발표한 이상 번복하기는 쉽지 않다는 것은 잘 알고 있다. 이 건에 관하여 이 서기관이 잘못한 것은 없다. 다만 역사적인 2000년 6월 남북정상회담을 두 달 남겨둔 상황에서 이 문제로 미국과 한국 간에 이견이 있는 것처럼 외부에 비치는 것은 곤란하므로 정상회담이 끝난 다음 다시 논의하기로 하자.

C 참사관은 부과장의 제안에 동의했다.

그런데 문제는 남북정상회담이 끝나고 당초 약속했던 두 달이 지났지만 C 참사관은 동해병기에 대하여 일언반구도 하지 않았다. 그 대신 동해병기 업무는 성격상 경제과가 아니라 정무과에서 하는 것이 맞으니까 넘기라고 지시했다. 자연히 나는 동해병기 업무에서 배제되었다.

그 뒤 주미한국대사관에서 동해병기는 잊혀져갔다. 그때 미국 국무부 부과장의 전화 내용을 들으면서 이상하다고 생각된 점이 있었다. 왜 국무부 일본과가 아니고 한국과의 부과장이 동해병기에 이의를 제기했는가 하는 점이었다. 보통의 경우라면 어느 나라 외교관이든 자기가 근무한 국가나 맡고 있는 나라에 대하여 애정을 가지고 편을 들게 되어 있다. 그런데 왜 한국과 부과장은 한국이 아닌 일본 편을 들까 하는 점이었다.

얼마 뒤 이 의문이 풀렸다. 그 부과장은 주일미국대사관 참사관으로 내정되어 있었던 것이다.

그 후 얼마 지나지 않아 나는 D를 만났다. D는 국무부 한국과 부과장이 잘 알지도 못하면서 부당한 간섭을 한다고 화가 많이 나 있었다. 그리고 지명위원회에서 자신이 위원들에게 말한 동해병기 방침은 그간 지명위원회가 다른 국가들에게 허용한 병기 관례들과도 부합한다고 강조했다.

공무원 사회의 불공정 인사원칙

지금 와서 생각해 보면 이 사례는 1998년 12월 외교부 유엔국 직원으로는 최초로 내가 워싱턴의 주미한국대사관으로 발령받았던 것과 매우 흡사한 점이 있다. 한국의 외교관이라면 누구나 근무해 보고 싶어 하던 워싱턴에 갈 수 있는 후보는 사전에 이미 정해져 있는 경우가 많았다. 청와대, 장관 비서실, 인사과, 북미국 등 미국 관련 업무를 하는 직원에게 우선순위가 있었다.

그런데 당시 새로 부임한 H 장관은 취임사에서 공정성 원칙을 강조하면서 험지에 근무한 직원을 우선적으로 워싱턴과 같은 인기 공관에 보내겠다고 강력한 의지를 표명했다.

H 장관의 방침대로라면 당시 최험지로 간주되었던 블라디보스토크에서 총영사관을 창설하고 2년간 근무했던 내가 워싱턴에 갈 수 있는 우선순위를 받아야 했다. 그러나 워싱턴에 보낼 후보를 이미 마음에 두고 있었던 간부들과 인사과는 내가 그 자리를 차지하는 것을 싫어했다.

그렇다고 장관의 방침을 정면으로 거역하기는 힘들었던지라 나의 약점을 걸고 넘어졌다. 즉 영어가 약해서 허용할 수 없다는 논리였다. 그들은 영어 3급 이상을 취득한 직원들만 워싱턴에 갈 자격이 있다는 조건을 걸고 나왔다. 그 전 인사에서는 보이지 않았던 이 새로운 장벽은 나를 겨냥한 것 같았다.

당시 나의 영어 등급은 4급 B였지만 내가 러시아어 연수를 한 것을 감안하면 그다지 나쁜 성적은 아니었다. 왜냐하면 당시 영어 연수를 갔다 온 직원들이라고 해도 3급은 20%가 되지 않았기 때문이다.

어쨌든 영어 등급 덕분에 주미한국대사관을 포기하고 있던 나에게 인사위원회가 개최되기 1주일 전 극적인 반전이 생겼다. 몇 달 전 다시 쳤던 영어시험 결과가 도착한 것이다. 놀랍게도 거기에는 3급 A라고 적혀 있었다. 아마도 2년 전 영어 4급 B를 받고 난 뒤 지난 1년 동안 지하철을 타고 다니는 시간에 영어 공부를 열심히 한 효과가 있었던 모양이었다. 이리하여 간부들과 인사과도 더는 어쩔 수 없이 나는 워싱턴으로 갈 수 있게 되었다.

동해병기 천재일우의 기회를 날리다

아직도 세계지도에 동해병기가 제대로 표기되고 있지 않는 것은 세계 최강국인 미국의 정부기관들이 일본해 단독 표기를 고수하고 있기 때문이다. 우리 정부나 민간단체가 이에 대해 항의할 때마다 미국 국무부는 정부 간 위원회인 미국지명위원회 결정이라 국무부로서도 어쩔 수 없다는 입장을 표명하곤 했다.

그런데 내가 우연한 기회에 그 지명위원회에 참가하게 되어 동해병기에 반대하지 않는다는 입장을 취하고 있다는 사실을 알아냈다. 그러면 우리 정부는 당연히 미 국무부에 미국 정부 지도에 동해병기를 해달라고 요구할 권리가 생긴 것이다. 이것은 우리 외교관들이 마음대로 할 수 있는 개인적 의견이 아니고 한恨 맺힌 우리 민족의 신성한 권리다. 이렇게 소중한 민족의 권리를 그 엘리트 참사관은 미국이라는 초강대국에게 잘 보이려고 그랬는지 스스로 포기한 것이었다.

나는 이해할 수 없는 행동으로 동해라는 이름을 되찾을 수 있었던 하늘이 준 천재일우千載一遇의 기회를 허무하게 날려버린 C 참사관을 용서할 수가 없었다. 그 후 C 참사관은 외교부에서 승승장구했고 나의 인사에도 도움을 줄 수 있는 위치에 있었지만 나는 한 번도 그를 찾아가지 않았다.

이 사건이 두고두고 아쉬웠다.

"너희들이 그간 반대 논거로 내세웠던 미국지명위원회도 동해병기에 반대하지 않는다는데 지금 무슨 소리를 하는 것이냐?"

그때 우리 측이 이렇게 강경하게 주장했더라면 미 국무부도 어쩔 수 없이 동해병기를 허용할 수밖에 없었을 것이다. 그랬다면 얼마 전 미국의 트럼프 대통령이 공개석상에서 동해를 일본해라고 얘기하는 어이없는 사태도 발생하지 않았을 것이기 때문이다.

상황을 피하지 마라
외규장각 의궤 반환교섭의 전환점

1866년 병인양요 때 강화도에 침입했던 프랑스군이 약탈해 자신들의 국립도서관으로 가져다 놓았던 《외규장각 의궤》는 100년이 넘도록 한국인의 기억에서 사라져 있었다. 그러다 1975년 프랑스국립도서관에서 근무하고 있던 고 박병선 여사의 노력으로 이러한 사실이 우리나라에도 알려지게 되었다.

급기야 1991년 서울대학교가 외교부에 《외규장각 의궤》 297권의 반환추진을 공식적으로 요청했다. 이에 한국과 프랑스 간에 20여 년에 걸친 길고 지난했던 협상이 시작되었다.

1993년 9월 서울에서 개최된 한·불 정상회담 때 미테랑 대통령은 《현목수빈 휘경원원소도감의궤(상)》 한 권을 우리 측에 반환했다. 미테랑 대통령은 하권까지 모두 두 권을 전달하려 했으나 당시 수행했던 프랑스국립도서관 직원들이 격렬하게 반대하여 뜻을 이루지 못했다.

자국 국립도서관의 사전 양해 없이 우리 측에 의궤 두 권을 돌려주려 했던 미테랑 대통령은 귀국한 후 프랑스 문화계와 언론으로부터 심한 비난을 받게 되었다.

그런데 한국 실정에서는 대통령이 사서들의 항의 때문에 자신의 뜻을 이루지 못했다는 것은 있을 수 없는 일이다. 때문에 프랑스 측의 행동을 두고 한국에 고속열차(TGV)를 판매하기 위해 우리 국민의 환심을 사기 위한 고도의 술책이라고 보는 시각이 많았다.

1993년 정상회담 당시 김영삼 대통령과 미테랑 대통령은《외규장각 의궤》반환과 관련하여 '교류방식에 의한 대여'라는 원칙에 합의했다. 국내 학계에서는 이 원칙이 의미하는 바에 대하여 다양한 해석을 내놓았다. 하지만 시간이 지날수록 프랑스 측 의도는 동일한 가치를 지닌 문화재끼리 교환하자는 '등가등량等価等量의 원칙'이라는 것이 확실해졌다.

당시 우리 국민은《외규장각 의궤》는 프랑스가 약탈해간 문화재이므로 당연히 돌려줄 것이라고 쉽게 생각했던 것 같다. 그러나 프랑스는 자신들이 약탈했던 문화재라도 이에 상응하는 가치를 가진 문화재를 대가로 제공하지 않으면 절대로 돌려주지 않는다는 소위 '등가등량의 원칙'을 철저하게 지켜오고 있었다. 약탈한 문화재라고 해서 쉽게 돌려준다면 다른 나라들로부터 약탈해온 소장품들로 가득한 프랑스의 미술관들은 큰 타격을 입게 될 것이 분명했기 때문이다.

프랑스는《외규장각 의궤》를 약탈했던 1866년보다 2년 앞선 1864년 일본으로부터도 '조슈포砲'라는 문화재를 빼앗아갔다.

아베 신타로 외상(현 아베 신조 일본 총리의 부친)을 중심으로 일본 정부는 메이지유신의 상징이라고 할 수 있는 이 문화재를 되찾기 위해 많은 노력을 기울였다. 하지만 결국 프랑스가 주장한 대로 동일한 가치가 있는 것으로 여겨졌던 모리 가문(조수번 영주)의 가보였던 사무라이 갑옷을 주고서야 되찾아올 수 있었다.

이 사례는 프랑스에 아무것도 주지 않고《외규장각 의궤》를 반환받으려는 우리의 교섭이 얼마나 힘들었겠는가를 짐작하게 해준다. 더욱 이《외규장각 의궤》의 경우에는 당시 조선 정부가 가톨릭 국가인 프랑스의 선교사 12명을 처형했기 때문에 더욱 어려운 측면이 있었다.

1993년 한·불 정상회담 시 양국 대통령이 합의한 대로《외규장각 의궤》반환협상은 한국과 프랑스 정부 간에 3차에 걸쳐 진행되었다. 하지만 프랑스는 우리가 제시한 골동품의 가치가 의궤에 비해 너무 떨어진다고 주장함에 따라 결렬되었다.

그 후 1999년 김대중 대통령과 자크 시라크Jacques Chirac 대통령은 협상을 보다 효과적으로 진행시키기 위해 한상진 정신문화원장과 자크 살루와 감사원 최고위원을 양국 대통령의 협상 전권대표로 임명했다. 양국 대표는 프랑스가 소장하고 있던《의궤》297권 중 우리에게는 없던 어람용 30권과 우리가 가지고 있던《의궤》복사본 30권을 교환하기로 합의했다.

《의궤》는 조선 왕실의 결혼식이나 장례식 등 주요행사를 정밀하게 그린 책으로 행사마다 어람용 1권과 복사본 4권이 제작되었다. 왕이 보는 어람용은 천연색으로 매우 정교하게 묘사되어 있으나 복사본은 흑백으로 그다지 상세하게 제작되지 않았다. 따라서 당시 합의한 교환 조건은 우리에게 유리하다고 할 수 있었다.

그렇지만 우리 국사학계는 '납치된 장남을 찾아오기 위해 차남을 내어줄 수는 없다'라는 감정적인 주장을 앞세워 합의에 맹렬히 반대했고, 우리 언론도 그 반대에 적극 동조했다. 너무나도 거센 국내 반발 때문에 협상 전권대표들이 합의한 사항을 거부할 수밖에 없었던 우리 정부는 그렇잖아도 불리했던 협상에서 더욱 수세에 몰리게 되었고 프랑스의 입장만 강화시켜 주었다.

살루와 감사위원을 비롯한 프랑스 측 인사들은 자국 문화계 인사들을 어렵게 설득했고 한국 측에 크게 양보하면서 성사시킨 합의를 한국이 이처럼 일방적으로 번복한다면 앞으로 협상할 필요가 없다면서 큰소리쳤다.

2005년 9월은 우리가 프랑스 측에 《외규장각 의궤》를 돌려달라는 얘기를 꺼내기는 고사하고 약속을 어겨 미안하다는 말만 되풀이했던 시기였다. 그런데 나는 그 협상의 실무책임자인 구주1과장이 되었다. 그리고 며칠 뒤 우리에게 매우 불리했던 협상에서 돌파구를 찾을 수 있는 중요한 계기를 찾을 수가 있었다.

고양이 목에 방울 달기

새로 맡게 된 구주1과장의 업무를 파악하느라 분주하던 그때 〈MBC〉 시사매거진 2580팀의 A 기자로부터 《외규장각 의궤》 반환협상과 관련하여 특별취재를 하고 싶다는 연락을 받았다. 〈MBC〉는 우리 정부가 협상을 잘못하고 있다는 점을 집중적으로 부각시켜 보도하려는 의도가 있는 것 같았다. 대변인실에 이 사실을 알렸더니 서면질의 내용에 국한해 답변한다는 조건하에 인터뷰할 수 있다고 〈MBC〉 측에 통보하라고 했다.

나는 워싱턴 근무 때 이웃에 살던 〈YTN〉 특파원과 3년간 친하게 지내면서 기자들의 특성에 관한 정보를 익히 들은 바 있었던 터라 내가 그렇게 통보하더라도 2580팀이 대변인실의 의도와 같이 움직일 것 같지는 않았다.

특히 〈MBC〉 시사매거진 2580과 같은 고발 프로그램들은 공무원이 소극적으로 취재에 응할 경우 무슨 잘못이 있어서 숨기는 것으로 확신하여 더욱 공격적으로 보도하는 경향이 있었다. 그래서 나는 적극적으로 대응하는 것이 낫겠다고 생각하게 되었다. 더욱이 프랑스와의 협상에서 우리가 아주 불리한 상황에 놓여 있는 만큼 언론을 설득하여 같이 프랑스를 공격하는 것이 오히려 좋은 결과를 낼 수 있을 것 같았다.

약탈된 우리의 보물을 찾기 위한 협상에서 우리가 완전히 수세에 몰려있는 형국인 만큼 나는 담당과장으로서 무언가를 해야 한다고 생각하여 승부수를 띄우기로 결심했다. A 기자와의 전화 인터뷰에 적극적으로 응한 것이다.

이론적으로는 맞는 얘기였으나 당시 무서운 시사프로그램에 대해 설득하겠다고 나선 것은 '고양이 목에 방울 달기'와 같은 매우 위험한 시도였다.

〈MBC〉 측은 프랑스가 1993년 한국에 TGV를 팔기 전에는 《의궤》를 돌려줄 것같이 하고 일단 판매하고 나서는 입장을 180도 바꾸었다는 것을 톱뉴스로 방송하고 싶어 하는 것 같았다.

나는 방송사 측이 병인양요 당시 강화도를 침입했던 프랑스군이 300여 권의 《의궤》를 강탈해 가기 직전 외규장각에 보관되어 있던 5,000여 권의 서적을 불에 태웠다는 사실을 다뤄주기를 바랐다.

문제는 정부가 잘못한 일을 공격하고자 하는 시사매거진 2580팀이 나와 같은 공무원을 색안경 끼고 볼 가능성이 높은데 어떻게 하면 신뢰관계를 형성할 수 있는가 하는 것이었다. 무슨 말을 해도 중요한 내용을 숨기고 있다는 선입관을 가지고 대할 것 같았다. 그래서 시사매거진 2580팀과 외교부 구주1과장 간 보이지 않는 불신의 벽을 깨고 난 다음 그들을 설득하기로 결심했다.

며칠 뒤 A 기자는 나에게 전화해 단도직입적으로 물었다.

"TGV를 팔기 위해 프랑스가 사기를 친 것 아닙니까?"

나는 대답하는 내용을 A가 다 녹음할 것이라 짐작했다.

"나도 프랑스가 TGV를 팔면서 사기 쳤다고 생각합니다."

나는 위험을 감수하면서 담담하게 계속 얘기했다.

"그런데 사기당한 놈이 나쁩니까? 아니면 사기를 친 놈이 나쁩니까? 그리고 이 건이 우리 정부와 〈MBC〉 간의 문제입니까? 아니면 한국과 프랑스 간 문제입니까? 〈MBC〉가 사기당한 한국 정부만 공격하면 사기 친 프랑스에는 면죄부를 주는 것 아닙니까? 지금 우리는 같은 한국인으로서 함께 프랑스를 공격하여 약탈당한 외규장각 도서를 찾아와야 되지 않겠습니까?"

아무 말 없이 내 얘기를 듣기만 하던 A로부터 다음 날 연락이 왔다. 자기 팀장에게 보고를 했는데 '이 과장 말이 맞다' 하면서 프로그램을 공동으로 제작하자고 제안했다는 것이다. 이에 대하여 나도 동의했다.

며칠 뒤 우리 과로 찾아온 A에게 나는 병인양요 당시 프랑스군이 5,000여 권의 외규장각 서적을 불태워버린 사실을 부각시킬 필요가 있다고 강조했다. 〈MBC〉 시사매거진 2580팀과의 프로그램 공동제작은 매우 원활하게 진행됐다.

그로부터 얼마 후 방영된 시사매거진 2580에는 《외규장각 의궤》 반환 협상과 관련하여 우리 정부를 공격하는 내용은 전혀 나오지 않았다. 오히려 소위 문화민족이라고 자랑하던 프랑스인들이 외규장각 서적 5,000여 권을 불태웠다는 내용만 집중적으로 보도했다.

다음 날 나는 주한프랑스대사관 참사관들에게 전화를 걸어 우리 외교부로 와줄 것을 요청했다. 구주1과 사무실에서 긴장한 채로 앉아 있던 그들에게 프랑스가 외규장각 서적 5,000여 권을 불태운 것을 밝혀

낸 프로그램을 〈MBC〉가 전날 방송했다고 '친절하게' 알려 주었다. 그리고 다음과 같이 말했다.

"많은 역사가들은 분서갱유焚書坑儒를 자행했던 중국의 진시황을 인류 역사상 최악의 범죄자로 간주하고 있다. 히틀러도 수많은 서적을 불태웠다는 측면에서 진시황과 대동소이하다고 할 수 있을 것이다. 그런데 놀라운 것은 그간 자신들이 문화민족이라고 주장해 왔던 프랑스 사람들도 한국의 귀중한 서적 5,000여 권을 불태웠다는 사실이 밝혀지면서 히틀러와 다를 바 없는 야만인들이라는 것이 국제사회에 알려지게 되었다."

그동안 프랑스 측 인사들은 소중한 인류 공동의 유산인 《외규장각 의궤》를 한국보다 시설이 좋은 프랑스에서 보관하는 것이 바람직하다는 논리를 내세워왔다. 그런데 인류에게 귀중한 외규장각 서적 5,000여 권을 불태운 사실을 〈MBC〉가 공개적으로 방송했으니 상당히 충격을 받았을 것이다.

나의 추측은 2006년 방한했던 고 박병선 여사에 의해 확인이 되었다. 박 여사는 나를 만난 자리에서 이렇게 칭찬해 주었다.

"프랑스 지식인들은 외규장각 서적들을 불태운 것에 대하여 매우 창피하게 생각하고 있어요. 이 과장이 공격 포인트를 잘 잡았어요."

〈MBC〉가 《외규장각 의궤》와 관련된 방송을 한 지 몇 주가 지난 후 나는 파리로 출장 가서 프랑스 외교부의 한국담당 과장을 면담했다. 나는 자리에 앉자마자 프랑스 과장을 응시하면서 조용히 물었다.

"왜 우리 책들을 돌려주지 않는가?"

"왜 돌려주어야 하는가?"

젊은 과장이 이렇게 차갑게 대답하기에 나도 단호하게 응수했다.

"좋다, 돌려주지 마라. 그 대신 우리는 너희가 인류의 소중한 공동 유산인 서적 5,000여 권을 불태워 버린 야만족이며, 이런 점에서는 히틀러보다 나을 게 없다는 점을 국제사회에 계속 떠들고 다니겠다."

그러자 프랑스 과장은 거세게 반박했다.

"왜 우리한테만 그러는가? 임진왜란 때 일본도 너희 책을 많이 태우지 않았는가?"

미처 예상하지 못한 날카로운 반론이었다.

주한프랑스대사관에서 보고했을 시사매거진 2580의 보도내용을 보고 미리 대응논리를 준비해 놓은 것 같았다.

나는 정신을 가다듬고 다시 공격했다.

"그러니까 한국에서는 일본의 인기가 바닥이 아닌가! 그런데 유감스럽게도 프랑스의 인기는 최고 수준에 있다. 특히 여대생들이 프랑스를 너무 좋아하고 있다. 내가 돌아가기 전에 한 가지 약속을 하겠다. 앞으로 한국에서의 프랑스 인기를 일본 수준으로 끌어내려 주겠다."

이에 대하여 한국담당 과장은 아무 말도 하지 못했다.

그 후 주불한국대사관에 부임했던 박흥신 대사와 유복렬 참사관의 유창한 불어 실력과 헌신적인 노력에 힘입어 《외규장각 의궤》 266권은 2011년 우리 품으로 돌아오게 되었다.

협상의 물꼬를 트다

나는 《외규장각 의궤》 반환의 1등 공신은 고 박병선 여사와 박흥신 대사 및 유복렬 참사관이라고 생각하고 있다. 그렇지만 상당히 수세에 몰렸던 협상국면을 공세로 전환시켰던 〈MBC〉도 의궤반환에 일조했다고 평가하고 있다.

지금도 우리나라 사람들은 《외규장각 의궤》와 같이 약탈당한 문화재를 반환받는 것은 당연하지 않은가 하고 쉽게 생각하는 경향이 있는 것 같다. 그러나 프랑스와 같이 자신들이 보유하고 있는 소중한 문화재의 대부분이 약탈한 것인 경우 동등한 가치를 지닌 문화재를 주지 않고서는 절대로 되돌려 주지 않는다는 원칙을 고수하고 있는 국가가 많다. 이에 상응하는 문화재를 주지 않고도 《외규장각 의궤》를 반환받을 수 있었다는 것은 유례를 찾기 힘든 일이다.

또한 1993년 방한한 미테랑 대통령이 TGV를 구입한 것에 대한 감사의 표시로 《외규장각 의궤》 두 권을 반환하려고 했지만 동행했던 프랑스국립도서관 직원들의 격렬한 반발에 부딪쳐 한 권밖에 돌려주지 못한 점, 또 귀국해서도 언론과 문화계로부터 심한 비난을 받았던 점을 상기하면 그 협상이 얼마나 힘든 일인지 짐작할 수 있을 것이다. 게다가 1993년 당시 미테랑 대통령과 함께 방한하여 《외규장각 의궤》 두 권을 돌려주는 것에 대해 격렬하게 반대했던 바로 그 행정국장이 하필 협상이 최고조였던 2010년에 프랑스국립도서관장(장관급)이 되었다.

이런 점들을 고려해볼 때 우리가 외교 교섭을 아무리 잘 했더라도 《외규장각 의궤》 5,000여 권을 불태운 사실을 〈MBC〉가 방송하지 않았다면 과연 프랑스가 순순히 돌려주었을까 하는 의문이 든다.

내가 구주1과장을 맡은 지 며칠 지나지 않은 시점에서 병인양요 관련 기록을 보다가 우연히 프랑스군이 외규장각 서적 5,000여 권을 불태웠다는 사실을 알게 되었던 것도 운이 좋았다고 생각한다.

〈MBC〉 시사매거진 2580팀을 설득하여 프랑스를 공격하는 프로그램을 공동으로 제작할 수 있었던 것은 상당한 위험부담을 감수해야만 하는 일이었다. 프랑스가 TGV를 팔기 위하여 한국을 기만했다는 나의 발언을 〈MBC〉가 그대로 방송했다면 어떻게 되었을까. 프랑스 외교부는 우리 정부에 강력하게 항의했을 것이고 나는 아마도 구주1과장직을 유지하기 힘들었을 것이다.

나중에 알아본 바에 의하면 프랑스가 TGV를 팔기 위하여 한국을 속였다는 소문은 근거가 없었다. 그때 우리 정부는 TGV 구입을 《외규장각 의궤》 반환과 연계시킨다는 생각 자체를 못 하고 있었다. 또 미테랑 대통령이 《의궤》 한 권을 돌려준 것은 이미 계약이 체결된 다음 프랑스 측에서 감사의 뜻을 전하려고 했던 것으로 확인되었다.

이 사례를 IBM에서 배운 LSP 원칙에 비추어 보면 내가 서면질의 범위 내에서 소극적으로 답변하는 대신 A 기자와 장시간에 걸쳐 적극적으로 인터뷰하는 과정에서 〈MBC〉 시사매거진 2580팀과 라뽀가 형성되었다고 볼 수 있다. 이는 시사매거진 2580팀장이 《외규장각 의궤》

프로그램 방송 후 공동제작을 자축하는 회식 자리에서 내가 언론에 대하여 자신 있게 행동하는 것을 보고 신뢰하기 시작했다고 말했던 점을 봐도 알 수 있다.

또 프랑스가 외규장각 서적 5,000여 권을 불 태웠던 것을 〈MBC〉를 통해 공개적으로 방송한 것은 그동안 문화선진국인 프랑스가 인류의 공동유산인《외규장각 의궤》를 보유해야 한다고 주장해오던 논리에 대한 효과적인 반론대응이었다고 할 수 있다. 아울러 프랑스 외교부 과장과 논쟁을 벌이던 중에 "임진왜란 때 일본군도 책을 많이 태웠는데 왜 우리한테만 그러느냐?" 하는 예리한 반론에 내가 했던 대답도 적절한 반론대응이었던 것이다.

옳은 일은 과감히 도전하라
고위공직자 외유감시 프로그램

2006년 전라북도 지방의회 의원들이 공무 출장을 빙자해 남미의 이과수 폭포를 관광하고 온 사실이 밝혀지면서 국민들과 언론으로부터 심한 질타를 받은 적이 있다.

공직자들의 외유성 출장을 심각하게 생각했던 노무현 정부는 근본적인 대책을 수립하기 위해 노력했으나 효과적인 방법을 찾지 못해 고민하고 있었다. 나는 지방의회 의원들의 그런 행위보다 더욱 심각한 문제는 일부 고위인사들이 훨씬 비싼 경비를 들여 빈번하게 외유성 해외출장을 가는 데 있다고 판단했다.

이에 나는 대통령을 포함하여 입법부, 행정부 및 사법부의 차관급이상 모든 고위인사들의 해외출장기록을 공개함으로써 외유성 출장을 국민과 언론이 감시하도록 하는 해외출장정보 사이트를 제작하는 혁신 프로젝트를 추진했다. 구주1과의 업무만 해도 늘 바쁜 직원들과 6개월을 고생하여 만든 사이트였다.

하지만 입법부, 행정부 및 사법부의 반발에 부딪쳐 포기해야 하는 상황에 직면하게 되었다. 하지만 포기하지 않고 실낱같은 희망을 가지고 마지막으로 시도했던 방법이 극적으로 성공하면서 노무현 정부의 최우수 혁신사례 중 하나로 남길 수 있었다. 이 일은 일상적 업무를 추진하던 중에 발전하게 됐다.

정보화담당관으로 2년간 근무한 후 구주1과장으로 자리를 옮겨왔을 때 구주국 심의관은 매년 국회에 보고해야 하는 외교부 간부들의 유럽 국가 출장기록을 일일이 수작업으로 분류하고 있었다. 그 작업을 효율적으로 처리할 수 있는 정보화프로그램을 만들면 좋겠다고 했다.

나는 그다지 어려운 일이 아닌 것 같으니까 한번 시도해 보겠다고 긍정적으로 대답했다. 왜냐하면 내가 정보화담당관으로 근무하면서 알게 된 컴퓨터 전문가들의 도움을 받아 간단한 프로그램을 제작한 뒤에 외교부 내부망에서 운영하면 예산도 별로 들지 않고 기술적으로도 큰 문제가 없을 것이라 판단했기 때문이다.

그런데 우리 국에서 간부들의 해외출장기록 프로그램을 만든다는 얘기를 들은 혁신담당관실에서 기왕이면 혁신 점수에 도움이 되는 대국민 공개프로그램으로 제작해 줄 것을 요청했다. 그 대신 프로그램 제작에 필요한 구주국 직원들의 의견 수렴을 위해 1박 2일 연찬회를 여러 번 갈 수 있는 비용을 지급하겠다고 제안했다.

당시 노무현 정부는 혁신을 매우 중요하게 생각했으며 특히 정보화를 통한 혁신을 강조하고 있었다. 이에 따라 여러 정부 부처들이 혁신 업무에 거의 올인할 정도로 열심이었다.

그러나 직원들이 2~3년마다 본부와 해외를 순환 근무하는 외교부에서는 혁신에 대한 열기가 그다지 높지도 않았을 뿐만 아니라 어떻게 해야 하는지 방법도 잘 몰랐다. 이 때문에 외교부는 연말마다 언론에 크게 보도되는 부처별 혁신평가에서 거의 꼴찌를 도맡아야 하는 수모를 겪고 있었다. 혁신담당관실로서는 1점이라도 올려야 하는 절박한 사정이 있었다.

구주국 연찬회 비용을 지급해 주겠다는 혁신담당관실의 제안에 귀가 솔깃해 있던 차에 전북지방의회 의원들이 남미의 이과수 폭포를 공무출장으로 다녀온 것에 대해 전 언론이 질타하고 국민들이 분노하는 사건이 발생한 것이다.

나는 지방의회 의원들이 저렴한 항공좌석으로 한두 번 해외여행 갔다 온 것보다 더욱 심각한 문제는 일부 고위인사들이 빈번하게 하고 있는 고가의 외유성 출장이라고 보았다. 해외공관에서 근무하는 동안 값비싼 항공좌석으로 외유성 공무출장을 자주 오는 일부 고위인사들을 안내하느라 공관 직원들이 대사관의 공무를 소홀히 하게 되는 경우가 많았다.

고위공직자 외유성 출장정보 공개

나는 고위급 인사들에 대해서는 하위직보다 더욱 엄격한 기준을 적용하는 것이 사회정의 구현 차원에서 옳다고 생각했다. 그래서 대통령을 위시하여 입법부, 행정부 및 사법부의 차관급 이상 고위공직자들의 해외출장기록을 공개하는 인터넷프로그램을 개발하기로 결심했다. 고위인사들의 외유성 공무출장을 감시하자는 의도가 너무 부각되지 않도록 해외출장을 가는 공무원, 회사원 및 개인 사업자들에게도 도움이 된다는 의미를 담아 해외출장정보 사이트라고 명명하였다.

이 사이트에는 해외로 출장갔을 때 요긴하게 이용할 수 있는 주요 15개국의 간단한 현지어 인사말과 대화를 원어민 발음으로 녹음하여 올려놓기로 했다. 또한 세계 주요도시들의 날씨를 비롯하여 출장 갈 때 필요한 정보를 제공하는 주요 외부사이트와 연결되게 구상했다.

그런데 구주1과장 업무를 하면서 새로운 정보화 프로그램을 개발한다는 것은 굉장히 힘든 일이었다. 우선 구주1과는 기술직이 많은 정보화담당관실과 달리 컴퓨터 기술과는 거리가 먼 외교직이었다. 또 본연의 업무만 해도 관할하는 유럽 국가들이 많아 직원들이 매우 힘들어하는 상황이었기 때문이다.

물론 외부업체에 사이트 제작을 의뢰하긴 했지만 이들은 기술적인 작업만 담당했고 고위공직자가 어느 나라로 출장을 가서 누구를 만나무슨 얘기를 했는가와 같은 논리 구성과 디자인은 우리가 해야 할 몫이었다.

다행히 이 문제는 몇 달 전 구주1과로 발령이 났던 J 사무관 덕분에 상당히 해소되었다. J 사무관은 해외출장정보 사이트의 취지에 적극 공감하면서 사이트 제작에 혼신의 힘을 쏟았다.

사이트를 만드는 데 있어서 또 다른 중요한 문제는 예산이었다. 신규 사업을 추진하기 위해서는 원칙적으로 기획예산처(현 기재부)에 필요한 예산을 신청하여 확보한 다음 1년 후부터 시작할 수 있다. 그런데 나는 다음 해까지 기다릴 여유가 없는 중요한 사업이라고 판단해 먼저 일을 추진해버렸던 것이다.

이 문제는 내가 정보화담당관으로 근무할 당시 혁신업무에서 적지 않은 성과를 냈다고 인정해 주었던 B 장관이 외교부 내에서 성격이 비슷한 사업예산으로부터 7,000만 원을 지원해 주어 해결했다.

2006년 3월부터 시작했던 해외출장정보 사이트 개발업무는 그해 9월에 들어서면서 어느 정도 윤곽이 잡혔다.

바보짓 밀어붙이기

그런데 프로그램 제작 과정에서 나타나는 여러 문제점을 해결하는 데 온 정신을 쏟느라 미처 고려하지 못했던 가장 강력한 암초가 그 모습을 드러내기 시작했다. 그것은 입법부, 행정부 및 사법부의 차관급 이상 고위인사들이 방문국과 방문인사들을 공개하는 것을 싫어한다는

점이었다. 이런 상황에서 힘도 의지도 없는 외교부가 어떻게 사이트 운영을 강행할 수 있을 것인가 하는 것이 최고의 난제였다.

상식적으로 생각해 봐도 고위인사들이 자신의 공무출장 내용을 공개하는 것을 좋아할 리 없었다. 또 업무상 비밀이라 대외 공개가 어렵다고 주장했을 때 이를 반박하기가 쉽지 않았던 것이다.

이런 상황에서 '우리 외교부가 과연 입법부, 행정부 및 사법부의 전체 고위인사들을 상대로 뜻을 관철시킬 의지와 능력이 있는 것일까?' 하는 회의적인 생각이 들었다. '입법부, 행정부 및 사법부를 차치하고 또 국회의원들은 어떻게 감당할 것인가' 하는 자괴감도 들었다.

외교부가 국회 외통위(외교통일위원회) 의원 20여 명도 상대하기 어려워하는 냉정한 현실로 돌아오면서 나는 '정말 바보짓을 했구나.' 하는 벽을 절감하게 되었다.

사이트가 완성되어가면서 이를 인지하게 된 외교부 내에서도 부정적인 의견들이 나오기 시작했다. 일부 간부들은 나를 정신 나간 놈으로 취급했다.

냉정히 생각해 보면 간부들의 의견이 틀린 것도 아니었다. 우리 외교부는 외통위에서도 시달리는데 과장 하나가 국회뿐만 아니라 모든 행정부처와 사법부까지 상대해 힘겨루기를 하겠다고 나선 것이었기 때문이다. 다행히 직속상관이었던 P 구주국장(주러대사 역임)은 나의 입장을 이해하면서 열심히 도와주었다.

우리는 국회사무처의 국제국장 등을 만나 해당 사이트의 취지를 설명하고 협조를 구했다. 예상대로 그들은 난색을 보였다. 국회사무처 입장에서도 국회의원들이 싫어할 일에 선뜻 동의해줄 수는 없었을 것이었다.

대법원 행정처는 사이트의 취지는 공감하면서도 국회가 하는 대로 따라 하겠다고 했다. 힘 있는 국회가 순순히 동의해줄 리는 없다고 본 것 같았다.

나는 무척 난감해졌다. 이상과 현실 간 넘을 수 없는 벽을 느끼며 밀려오는 무력감 앞에서 좌절감을 느꼈다.

여기서 그만둔다고 해도 후유증이 심각할 것 같았다. 그간 고생시켰던 우리 과 직원들에게 과장으로서의 체면이 땅에 떨어질 것은 차치하더라도 무용지물이 된 사이트 개발에 정부예산을 7,000만 원이나 낭비한 것에 대해 감사원이 그냥 넘어갈 것 같지도 않았다.

이대로 주저앉을 수 없다고 생각했으나 그렇다고 뾰족한 방법도 보이지 않았다. 몇 주를 고민한 끝에 내린 결론은 노무현 대통령께 직접 보고하는 수밖에 없다는 것이었다. 대통령의 적극적인 의지가 없다면 입법부, 행정부 및 사법부의 차관급 이상 전체 고위직 인사들에 대한 해외출장기록의 공개를 밀어붙이는 것이 불가능하다고 판단했다.

그러면서도 외교부 과장 한 명이 주도하여 만든 프로그램을 대통령께 어떻게 직접 보고할 것인가 하는 현실적인 문제가 있었다. 설령 보고가 이루어진다고 해도 대통령이 큰 관심을 가지고 적극적으로 지원해주기를 기대하는 것은 말 그대로 희망사항이라고 생각했다.

또 우리 장관이 컴퓨터 전문가로 알려진 노무현 대통령께 제대로 설명할 수 있을까 하는 의문도 들었다. 나는 대통령 앞에서 직접 브리핑한다는 생각으로 파워 포인트 7장을 작성했다. 우리 장관의 별도 설명 없이 대통령께서 파워 포인트만 보고도 충분히 이해할 수 있도록 하는 것이 관건이었다.

만약 내가 노무현 대통령이라면 고위공직자들의 해외출장에 대하여 어떤 입장을 취할 것인가에 대하여 곰곰이 생각해 보았다. 매사가 그렇듯이 부정적인 측면을 먼저 강조하는 것은 좋지 않을 것 같았다. 이에 고위 인사들의 외유성 해외출장 감시 목적은 두 번째로 넣기로 했다.

나는 그 무렵 노 대통령이 전임 대통령들과는 달리 여행이 쉽지 않은 아프리카 국가들을 순방했던 것을 자랑스럽게 여기고 있을 것으로 판단하여 이 부분의 의미를 강조하기로 했다.

이에 따라 정치인 및 관료들의 영향력이 강한 아프리카나 중동 국가들을 우리 기업인들이 방문할 때 이들과의 인연이 없어서 고생하는 경우가 많다는 점을 우선 지적했다. 그러면서 한국의 사업가 입장에서는 우리 대통령, 장관 및 국회의원이 얼마 전에 이런 나라를 방문하여 고위 인사를 만난 사실을 알고 활용하면 큰 도움을 받을 수 있을 것이라는 점을 부각시켰다.

따라서 해외출장정보 사이트는 우리 대통령을 비롯한 입법부, 행정부 및 사법부의 차관급 이상 고위공직자들의 해외출장기록을 국민들에게 공개하여 누구를 만나 무슨 얘기를 했다는 것을 우리 기업인이 적극적으로 활용할 수 있다는 장점을 강조했다.

아울러 고위인사들의 외유성 해외출장도 예방할 수 있으며 세계 날씨 및 현지어로 된 간단한 인사 등 해외출장에 필요한 정보도 제공한다는 점을 덧붙였다.

2006년 9월경 노무현 대통령은 유럽 3개국을 방문했다. 나는 이 때가 기회라고 판단했다. P 국장에게 해외순방행사 시기에 장관께서 설명하지 말고 대통령께 파워 포인트를 그냥 건네 드리기만 해달라고 부탁했다.

폐기 직전 혁신 사례로 급부상

당시 방문국으로 정해졌던 유럽 국가들은 모두 우리 과 담당이었다. 해외출장정보 사이트를 개발해 가면서 3개국 모두의 의정을 맡기는 힘든 상황이었는데 H 러시아과장이 첫 번째 방문국인 그리스를 도와주기로 했다.

나는 다음 방문국인 루마니아부터 합류하기로 하고 본부에서 대기 중이었다. 내가 만든 파워 포인트가 대통령께 제대로 전달되었을지 초조하게 기다리고 있던 차에 대통령을 수행 중이던 P 국장으로부터 전화가 왔다.

"어제 저녁식사 때 우리 장관께서 해외출장정보 사이트에 대한 파워 포인트를 보여드렸는데 대통령께서 너무 좋아하셨어."

상기된 목소리였다. 노 대통령께서는 "이거야말로 내가 만들고 싶었던 프로그램입니다."라고 하시면서 외교부가 별도 팀을 만들어 잘 운영하라고 지시하셨다는 것이다. 다음 날 조찬에서도 대통령께서는 해외출장정보 사이트에 상당한 만족감을 나타내면서 칭찬했다는 것이다. P 국장은 덧붙여 우리 장관께서 귀국하면 동 사이트와 관련하여 국무회의에서 브리핑을 하기로 했으니 이에 대한 준비도 하라고 했다.

노무현 대통령의 해외출장정보 사이트에 대한 강력한 지지는 반대 여론을 일거에 잠재웠다. 얼마 뒤 우리 외교부의 L 차관은 국무회의에서 해외출장정보 사이트에 대하여 브리핑하였고 외교부 대변인실에는 사이트 운영팀이 신설되었다.

그렇게 해서 외교부 내에서도 철없는 사업, 무모한 사업으로 치부되어 폐기 일보 직전이었던 해외출장정보 사이트는 노무현 대통령의 적극적인 지원에 힘입어 가장 성공적인 혁신 사례 중 하나로 인정받게 되었다.

2007년 1월 4일 해외출장정보 사이트는 공식적으로 운영을 개시했다. 〈한겨레신문〉은 1면 중간 톱기사와 사설로 외교부가 매우 혁신적인 사이트를 제작했다고 높이 평가해 주었다.

해외출장정보 사이트는 4년 정도 운영되다가 내가 해외공관에서 근무하던 이명박 정부의 중반경에 폐기되었다. 솔직히 고위인사들에게 큰 부담이 되었을 그 사이트가 지속될 수 있을 것으로 기대하지는 않았다.

그럼에도 불구하고 국민과 언론으로 하여금 일부 고위인사들의 외유성 출장을 견제할 수 있도록 한 사이트가 몇 년이나마 운영되었다는 사실은 의미 있다고 생각한다.

　이 사례는 우선 교섭 이전 단계인 상황분석을 제대로 한 측면에서 성공할 수 있었던 경우라고 판단된다. 힘없는 외교부 과장이 우리 입법부, 행정부 및 사법부의 차관급 이상 전체 고위직 인사들을 상대로 해외출장 기록을 공개하라고 설득하여 동의를 받는 것은 불가능하다. 따라서 대통령께 도움을 요청할 수밖에 없다고 판단한 것은 정확한 분석이었다.

　LSP 차원에서 상황분석이 끝난 후 교섭 단계를 검토한다면 노무현 대통령의 의중을 정확하게 파악했다는 점이 성공적이라 할 수 있다. 또한 대통령의 예상 질문을 파워 포인트 자료에 미리 설명함으로써 별도의 질문 없이 사업을 적극적으로 지원하도록 한 점은 반론대응을 세심하게 준비했다는 것을 반증하는 것이다.

반박 논리로 접근하라
난타 공연팀의 영국 입국 불허

세계적인 명성을 떨치고 있던 우리나라의 난타Nanta 팀이 영국 공연을 위해 2009년 9월 런던 히드로Heathrow 공항에 도착했다. 그런데 공연 비자를 받지 않은 것이 밝혀져 입국이 거부되었다.

한국과 영국 간에는 비자면제협정이 체결되어 있어 관광이나 방문의 경우 무비자로 90일간 체류할 수 있다. 그러나 출연료를 받는 공연을 하려면 비자가 필요하다.

난타 팀은 시간에 쫓겨 비자를 받지 못하고 왔는데 관광객인 것처럼 행동하면서 입국을 시도하다 국경청 직원에게 발각되었던 것이다. 설상가상 적발된 난타 직원이 국경청 직원에게 너댓 번이나 거짓말을 함으로써 사태는 돌이킬 수 없게 되었다.

영국의 출입국 제도는 매우 엄격한 것으로 유명하다. 특히 거짓말을 하다 발각될 경우에는 절대 용서하지 않는 무서운 전통이 있다.

내가 한인회장과 난타 팀을 초청한 교민기획사 여사장 S로부터 다급한 전화를 받은 것은 밤 11시경이었다. 입국거부 결정이 국경청 컴퓨터에 입력되어 모든 상황이 사실상 종결된 시점이었다. 난타 팀 14명은 타고 왔던 항공편으로 다음 날 아침 10시에 영국을 떠나야 하는 상황이었다.

그날 나는 늦게 퇴근하여 몸도 피곤했을 뿐만 아니라 더는 할 수 있는 일이 없다는 생각에 그냥 집에 있을까도 생각했지만 일단 공항에 나가보기로 했다. 어쨌든 우리나라의 유명한 공연단체가 몇 시간 뒤면 강제 출국을 당할 운명에 처했는데 총영사로서 위로라도 해줘야겠다고 생각한 것이다. 히드로 공항으로 가는 도중에 우리 대사관의 H 영사로부터 전화가 왔다.

"국경청 공항 책임자와 방금 통화를 했는데 입국거부 결정이 이미 컴퓨터에 입력되었기 때문에 조치 번복은 불가능하다고 하니 총영사님이 공항에 나가실 필요는 없어요."

하지만 나는 계속 공항으로 차를 몰았다. 늦은 밤이라 일찍 도착할 수 있을 거라는 내 예상과는 달리 야간 도로공사를 하는 곳이 많아 밤 1시 30분경이 되어서야 겨우 공항에 도착할 수 있었다.

이런 야밤에 처음으로 와본 런던 공항은 인적이 거의 없어 너무나 조용했고 기분이 이상했다. 서울에서 온 난타 사장인 S와 친구, 교민기획사 S 여사장과 실장 등 4명이 이미 문을 닫은 공항 카페 의자에 아무 말 없이 침울하게 앉아 있었다.

히드로 공항의 오리알 되다

무거운 분위기 속에서 인사를 나누었다. 공연 출연진 12명은 밖으로 나오지도 못하고 공항 내 대기실에 억류되어 있었다. S 사장과 친구는 공연 팀과 같이 왔으나 직접 출연하지 않기 때문에 국경청 직원이 공항 밖으로 나갈 수 있게 허용했다.

난타의 S 사장은 자신의 회사에 해외공연 팀이 7개 있는데 이번 공연은 출연진의 결정이 계속 늦어져 결국 비자 신청 타이밍을 놓쳤던 것 같고, 자신은 이번에 공연 비자를 받지 않았던 사실도 모르고 있었다고 했다. 막상 이들의 얘기를 들어 보니 사정이 딱하게 느껴졌다.

S는 난타가 세계적으로 유명해진 것이 10년 전인 1999년에 영국의 에든버러 시에서 열린 프린지 페스티벌Fringe Festival이었다고 했다. 그런데 이번에 공연 비자를 받지 않고 입국하려다가 쫓겨나면 분명 웃음거리가 될 테고, 하필 난타를 성공하게 해준 영국에서 이렇게 되어 더욱 견디기 힘든 수치라고 했다.

난타 팀을 초청한 영국 교민기획사의 입장은 더 안타까웠다. S 여사장은 세계적으로 유명한 난타 팀이 영국인을 대상으로 런던 시내에서 공연할 경우 상당한 수익을 낼 수 있는데도 불구하고 우리 교민을 위해 킹스턴 시에서 공연하기로 결정했다는 것이다. 그런데 난타 팀이 공연하지 못하고 강제 출국을 당하게 되면 영세한 자신의 회사는 약 3억 원의 손실을 보게 되어 파산하게 될 거라며 울먹였다.

얘기하던 중 S 여사장이 바로 저 사람이 국경청 공항 책임자라며 손가락으로 가리켰다. 저 멀리서 한 중년 남자가 사무실 문을 열고 나오는 것이 보였다.

나는 밤에 급하게 나오기도 했고 국경청 관계자와의 교섭은 포기하고 있어서 별도 면담 약속은 하지 않았다. 그래도 얘기를 들어보는 것도 나쁘지 않을 것 같아 S 여사장을 통해 잠깐 만나고 싶다는 의사를 전달했다. 히드로 공항 1터미널의 국경청 야간근무 책임자였던 N과의 면담은 이렇게 성사되었다.

N은 밤늦은 시간에 왜 내가 공항에 나왔는지 잘 안다는 듯 내 옆에 앉자마자 말을 꺼냈다. 조금 전에도 난타 공연 팀을 초청한 킹스턴 극장의 영국인 간부 둘이 와서 입국금지를 풀어 달라고 간청했지만 결국 포기하고 돌아갔다고 했다. 그렇지만 한국 총영사가 늦은 밤에 공항까지 나온 점을 고려해 자신이 결정한 입국거부 조치가 왜 번복이 불가능한지에 대한 세 가지 이유를 알려주겠다고 했다.

"첫째, 난타 팀은 우리 직원에게 발각된 후에도 네다섯 차례에 걸쳐 계속 거짓말을 했습니다. 우리는 거짓말을 하다가 걸린 경우에는 절대로 용서하지 않습니다. 처음부터 사정이 있어서 비자를 받지 못했다고 얘기했다면 입국을 허용할 수도 있었을 겁니다.

둘째, 우리가 알아보니 난타 팀은 아예 비자를 신청하지도 않았습니다. 비자를 늦게 신청해서 못 받은 것과 전혀 신청하지 않은 것은 차원이 다릅니다. 쉽게 얘기하자면 당초부터 속임수를 쓰려고 작정했다는 의미이므로 더욱 괘씸하다 할 수 있습니다.

셋째, 어쨌든 지금은 시간상으로도 너무 늦었습니다. 이미 입국거부 결정이 국경청 본부 컴퓨터에도 입력되었기 때문에 이제 그 누구도 번복하는 일은 불가능합니다."

나는 공항에 도착했을 때 이미 난타 팀에 대한 입국불허 조치를 번복시키는 것은 사실상 불가능하다고 판단했다. 따라서 현실적으로 할 수 있는 일은 어려운 상황에 빠진 공연팀 관계자들을 위로하는 것뿐이라고 생각했다. 그런데 막상 몇 시간 뒤면 다시 한국으로 돌아가야 하는 난타 관계자들의 힘없는 모습을 보니 측은한 마음이 들었다.

또 파산하게 되었다는 S 여사장의 사연도 가슴 아팠고, 세계적으로 유명한 난타 팀이 비자도 받지 않고 거짓말하며 입국하려다 발각되어 쫓겨났다는 기사가 해외언론에 나오면 우리나라로서는 큰 망신이라는 생각이 들었다.

국경청 책임자와 논리 싸움

나는 뭐라도 해보자는 생각에 마음을 바꿔먹었다. 가능성은 매우 희박했지만 운 좋게 면담이 이루어졌던 만큼 최선을 다해 N을 설득해 보기로 결심했다.

그런데 면담 자체를 전혀 예상하지 않았던 나로서는 N이 단호하게 얘기한 입국불허 조치의 세 가지 이유에 대해 반박논리를 찾을 수 있는 시간을 확보해야만 했다. 또한 N은 틀림없이 내가 조치 번복을 간청할 것이라 예상하고 이를 거절하겠다는 마음의 준비를 철저히 하고 있을 것이므로 이를 피해갈 방법을 찾는 것도 중요했다. 나는 최대한 천천히 조심조심 얘기를 꺼냈다.

우선 대사관에서 비자업무를 총괄하고 있는 총영사인 만큼 N의 입장을 충분히 이해하며 이번 국경청의 조치는 정당했다는 것을 강조했다. 그의 경계심을 완화시키는 것이 급선무였다.

"저는 주영대한민국대사관의 총영사로서 비자업무를 총괄하고 있기 때문에 오히려 당신의 입장에 가깝다고 할 수 있습니다. 이번 건은 확실히 난타 팀이 잘못했다고 봅니다. 당연히 공연 비자를 받았어야 했는데 받지 않았을 뿐만 아니라 오히려 여러 차례 거짓말을 했습니다. 따라서 제가 국경청 직원이었다 하더라도 이들의 입국을 단호하게 거절했을 것입니다.

다만 N께서 이 바쁜 시간에 친절하게 세 가지 이유를 설명해 주셨기 때문에 저도 이번 사건과 관련하여 세 가지 점을 말씀드리고자 합니다. 부담 갖지 마시고 참고만 하시기 바랍니다.

첫째, 난타 팀은 강제출국 당하는 것이 당연합니다. 하지만 죄가 없는 관람객은 어떻게 되는가 하는 문제입니다. 이미 6개월 전부터 많은 사람들이 유명한 난타 공연을 보려고 기다려 왔습니다. 그중에는 킹스턴 시장 부부도 한국대사 부부도 있으며 내 딸을 포함한 우리 가족도 있습니다. 게다가 티켓은 이미 3,000여 장이나 판매되었다고 합니다.

둘째, 난타 공연 팀이 비자를 신청하지 않았던 것은 변명할 여지가 없이 명백하게 잘못된 행동입니다. 하지만 최근 한국에 있던 영국대사관의 비자 팀이 필리핀으로 옮겨가는 바람에 공연 비자를 받는 데 몇 달씩 소요된다는 점은 고려할 필요가 있을 것으로 보입니다.

이에 반해 런던의 한국대사관에서는 영국인들의 공연비자 신청이 있으면 늦어도 3주 안에는 발급해 주고 있습니다. 이번에 한국 공연 팀이 강제 출국을 당하게 되면 영국과 한국 언론에 크게 보도될 것입니다. 그러면 왜 우리는 영국으로부터 공연 비자를 받는 데 몇 달씩이나 기다리면서 영국인들에게는 3주 안에 발급해 주어야 하는가 하는 비판 여론이 형성될 가능성이 있습니다. 이럴 경우 우리 대사관도 어쩔 수 없이 영국인에 대한 공연 비자 발급기간도 그만큼 늦출 수밖에 없는 상황이 우려됩니다.

셋째, 영국은 올해 런던에서 개최되는 G20정상회의 의장국이고 한국은 내년 서울에서 개최되는 G20정상회의 의장국입니다. 때문에 영국의 고든 브라운Gordon Brown 총리와 한국의 이명박 대통령이 가까운 사이가 된 것으로 알고 있습니다. 그런데 이런 불미스러운 일로 좋은 양국관계에 약간의 금이라도 생길지 모른다는 사실이 걱정됩니다."

마지막으로 나는 N이 친절하게 세 가지 이유를 설명해 준 데 대한 보답으로 향후 걱정되는 사안에 대해 말했을 뿐이니 신경 쓸 필요 없다는 점을 재차 강조했다.

내 말이 끝나자 N은 나에게 몇 시간 후인 오전 8시 30분경에 다시 공항으로 올 수 있느냐고 물었다. 내가 이유를 물었다. N은 국경청의 야간 공항책임자로서 자신이 결정하여 컴퓨터 입력조치가 끝난 입국 불허조치를 번복하는 것은 불가능하다고 했다. 하지만 오전에 출근하는 자신의 상급자에게 방금 내가 말한 논리를 설명하면 예외조치를 인정해줄지도 모르겠다고 했다.

나는 속으로 무척 놀랐지만 내색하지 않고 국경청 결정을 번복하려고 공항에 온 것이 아니기 때문에 다시 올 필요는 없는 것 같다고 버텼다. 그렇지만 N이 그러지 말고 꼭 와보라고 해서 못 이기는 척하고 다시 오기로 하고 집으로 돌아왔다.

다음 날 오전 7시 30분경 내가 히드로 공항으로 가기 위해 집을 나서는 순간 N으로부터 전화가 왔다. N은 마침 일찍 출근한 상급자에게 간밤에 나와 나누었던 대화 내용을 얘기했고, 난타 팀이 공연할 수 있도록 특별히 10일간의 체류허가를 부여하기로 했단다. 그러니 오전 10시까지 공항으로 와서 구류되어 있는 공연 팀을 데려가라는 것이었다.

나는 순간 내 귀를 의심했다. 곧 정신을 차리고 S 여사장에게 믿기 힘든 소식을 전해주었다. 그날 아침 대사관에 출근한 뒤 나는 대사께 간밤의 상황에 대하여 간략하게 보고했다.

6자회담 수석대표 출신의 예리한 C 대사는 그런 상황에서 난타 팀의 입국이 허가된 배경이 궁금했던지 빙그레 웃으면서 물었다.

"어떻게 한 거야?"

나도 씩 웃으면서 대답했다.

"영업상 비밀입니다."

다음 날 킹스턴 극장에서는 난타 공연이 시작됐다. 킹스턴 시장 및 대사 부부 그리고 한인회장을 비롯한 많은 교민들과 일반 관람객들로 성황을 이루었다. 우리 가족도 첫날 공연을 보러 갔다.

나는 비로소 히드로 공항 안에 억류되어 있었던 연기자들을 만나게 되었다. 그들은 영국까지 와서 공연도 못 하고 돌아갈 뻔한 위기에서 구해줬다면서 고마워했다.

그 자리에서 S 여사장도 만났다. 그날 밤 자신과 난타 팀의 S 사장 등 공연관계자 4명은 한숨도 못 잤단다. 다음 날 아침 일찍 공항으로 가는 중에 내 전화를 받고선 그만 울어버렸다고 했다.

지금도 밤 2시경 인적이 끊긴 히드로 공항에서 숨 막히는 긴장감 속에서 N과 교섭하던 순간이 생생하다. N을 설득할 논리를 찾느라 노심초사했던 기억이 눈에 선하다. 그때 N과 내가 앉아 있던 의자에서 10m 정도 떨어진 곳에서 고개를 푹 숙이고 힘없이 앉아 있던 4명의 난타 공연 관계자들의 모습도 생각난다. 이미 컴퓨터에까지 입력된 입국불허 결정을 번복한 것은 영국 국경청에서는 어쩌면 전무후무한 사건이었을 수도 있다.

당시 그 교섭은 나에게도 매우 중요한 의미가 있다. 우선 내가 배웠던 LSP가 현장에서 얼마나 큰 위력을 발휘하는가를 실감했다. N과의 면담은 전혀 예상하지도 못했고, 준비도 되지 않은 상황에서 LSP에 따라 교섭을 진행했다는 것을 알 수 있다.

N은 내가 공항에 온 목적이 난타 팀의 입국불허 결정을 번복해 달라는 것이라고 굳게 믿고 있었다. 때문에 처음부터 세 가지 이유로 번복은 불가능하다는 것을 분명히 했다.

이런 상황이라면 보통 우리는 딱한 사정을 얘기하면서 한 번만 봐 달라고 사정하게 된다. 내가 히드로 공항에 도착하기 직전 N과 면담했던 킹스턴 극장의 관계자 두 명도 아마 그런 식으로 접근했을 것이다. 이런 경우 대부분 실패하게 되며 N도 그러한 요청을 단호하게 거절했다고 말한 바 있다.

초면이었던 N과의 면담에서 내가 가장 먼저 했던 말은 대사관의 총영사로서 비자업무를 총괄하고 있기에 당신의 입장을 충분히 이해한다는 일종의 라뽀를 사용한 것이었다. 이로써 N이 처음에 나에게 가지고 있던 극도의 경계심이 약간 완화되었고 같은 업종에 종사하는 사람으로써 다소의 친밀감도 느꼈을 것이다.

그다음 나는 N의 입장에서 이번 건은 난타 팀이 아주 잘못했으며 입국거부 결정은 정당했을 뿐만 아니라 나라도 똑같은 결정을 했을 것이라고 했다. 이런 말은 N의 호감을 사게 됐고 내가 입국거부를 번복하러 온 것은 아니구나 안심하여 나에 대한 경계심과 방어 자세를 풀지 않았나 생각한다.

이런 분위기를 만든 다음 나는 N의 결정을 번복하기 위한 본격적인 교섭을 시작했다. N이 제시한 세 가지 불가 논리에 대한 반박 논리를 제시함으로써 전형적인 반론대응을 했다고 볼 수 있다.

　또 N이 공항에 다시 와서 자신의 상사에게 얘기해 볼 것을 권했을 때 내가 즉각적으로 그 제안을 받아들였다면 역시 내 목적을 의심할 수도 있었다. 그래서 나는 계속 그럴 필요 없다고 버텼다. 마지못해 동의하는 모습을 보임으로써 N이 자신의 상사에게 나의 의도를 의심하지 않고 보다 진지하게 건의할 수 있는 분위기를 조성한 것이라 할 수 있다.

　당시 교섭에서 가장 힘들었던 부분은 준비가 안 된 상황에서 시작된 교섭인 만큼 N과 얘기하면서 세 가지 반론을 생각해내는 과정이었다. 긴장된 순간에 그러한 논리가 생각났던 것은 운이 많이 작용했다고 볼 수 있다.

순발력이야말로 최고의 무기다
KBS 모스크바 특파원 구하기

사건이 발생했던 날은 2011년 12월 20일 저녁 10시경이었던 것으로 기억된다. 〈KBS〉 모스크바 특파원인 K로부터 다급하게 전화가 왔다. 내가 모스크바 시내에 있는 롯데호텔에서 개최된 러시아 상사주재원 망년회에 참석했다가 집으로 돌아가고 있을 때였다.

K 부부는 우리 부부와 같은 테이블에 앉아서 즐거운 대화를 나누다가 헤어졌는데, 귀가 중 러시아 경찰의 음주 단속에 걸렸다는 것이다. 10명이 앉았던 우리 테이블에는 건배용 와인 2병밖에 없었고 K 특파원도 와인 한두 잔 정도밖에 마시지 않았던 것이 기억나서 음주운전이라는 말이 이해가 되지 않았다.

한편 마침 그때가 단속이 더욱 심한 연말이라 그럴 수도 있겠다는 생각도 들었다. 게다가 워낙 술을 좋아하는 러시아 사람들의 잦은 음주 운전 사고를 줄이기 위해 당시 메드베데프 대통령이 단 한 방울의 알코올도 허용하지 않는 강력한 음주운전 단속 캠페인을 실시하고 있던 때이기도 했다.

급하게 차를 돌려 K 특파원이 전화했던 장소에 가보니 K 주위로 10여 명의 러시아 경찰이 모여 있었고 경찰차도 몇 대 보였다. 러시아 경찰은 군대와 같은 계급 체계인데 현장 책임자 M은 대위 계급장을 달고 있었다.

나는 M에게 웃으면서 연말이고 술도 거의 안 한 것 같은데 봐주지 뭐 이렇게 심하게 하느냐고 했다. M은 처음에는 그렇게 하려고 했는데 한국 특파원으로부터 욕을 들어 화가 나서 음주단속 전문 경찰관을 불렀다는 것이다. 곧 그들이 도착할 것이므로 자신들은 더는 손을 쓸 수 없다고 했다.

나는 K에게 가서 러시아 경찰에게 욕을 한 것이 사실이냐고 물었다. 그는 자신의 경험상 러시아 사람들에게 약하게 보이면 더 심하게 하는 것 같아 강하게 보이려고 거친 표현을 좀 썼을 뿐 욕한 것은 아니란다.

러시아 경찰 대위 M의 말대로 음주단속 전문 경찰관 차가 곧 도착했다. 그런데 중위와 하사관 둘로 구성된 전문가들은 내가 그동안 만났던 러시아 경찰관들과는 달리 아주 고압적인 태도를 보였다. 물론 러시아 경찰들도 딱딱하게 나오는 경우가 적지 않지만 나 같은 외국인이 러시아어를 하면 상당히 호의적이면서 친절하게 바뀌는 것이 보통이다. 이 음주단속 전문가들은 다른 부류의 러시아 사람들인 양 시종일관 K를 범죄인 다루듯이 하면서 나에게도 계속 적대적인 태도를 보였다.

그들은 K에게 음주측정기를 들이대면서 불 것을 강하게 요구했다. 긴장한 K는 옆에 서 있던 나에게 불지 말지에 대해 물었다.

음주 운전 진퇴양난에 빠져

나도 난감해졌다. K가 와인을 한두 잔 마신 것이 사실이니 불면 알코올이 조금이라도 측정될 것이고, 안 불면 측정 거부로 음주한 것으로 간주될 것 같았다. 진퇴양난의 상황이었다.

나는 기왕 이렇게 된 바에는 정면 돌파하는 것이 오히려 나을 수 있다는 생각에 K에게 불어 보는 것이 좋겠다고 했다. K는 두 번을 불었는데 희한하게도 알코올이 측정되지 않았다.

이렇게 되니까 그들은 K에게 근처 러시아 경찰서로 갈 것을 강력하게 요구하여 할 수 없이 우리는 그들을 따라갔다. 그때는 이미 밤 1시가 지났고 부인들은 경찰서 밖에 주차된 남편들의 차 안에서 기다리고 있었다.

냉혹한 표정의 중위는 경찰서에서 K에게 러시아어로 된 서류 3장을 내밀면서 서명하라고 했다. 싫으면 다시 병원에 가서 피검사를 하여 음주량을 측정하자고 했다. K는 내가 러시아어를 좀 한다는 죄로 내게 그 러시아어 서류 내용을 검토해 줄 것을 부탁했다. 전문적인 용어가 많아서 반 정도밖에 해석이 되지 않았다.

거기 있던 러시아 경찰들도 별 내용은 아니라고 했고 내가 봐도 음주운전을 시인하는 것도 아니고 그때 상황이 어땠다는 정도의 객관적인 사실에 동의하라는 것 같았다. 서명하지 않고 버틸 경우 밖에서 부인들도 기다리는데 끝까지 보내주지 않을 분위기였기에 K에게 서명하는 것이 좋겠다고 얘기했다.

K는 위기 상황에서 믿을 사람은 총영사인 나밖에 없었고 내 권유대로 서명했다. 그렇게 하여 밤 2시경 우리는 집으로 돌아갈 수 있었다.

하지만 그날 아침 대사관에 출근한 나는 그날 밤 나의 권유로 K가 서명했던 러시아어 문서는 음주운전을 시인하는 내용이라는 것을 알게 되었다. 이제 K에게 그 문서에 서명하도록 권했던 내가 모든 책임을 져야 하는 상황이 되어버렸다.

그런데 그날 대사관에서 나와 우리 영사과 직원들이 다시 검토해 보니 그것은 단순한 음주운전 사건이 아닌 것 같다고 했다.

2년 전 K 특파원이 취재한 특집기사가 국제인권단체로부터 상을 받은 적이 있었다. 러시아군이 체첸 지역에서 저지른 인권 유린과 관련되어 있어 러시아 정부로부터 미움을 받은 것 같다고 누군가 얘기했다.

또 K 특파원은 음주운전으로만 적발된 것이 아니라 롯데호텔에서 나오면서 일방통행 도로에서 역주행한 것도 문제가 되었는데 이 경우에는 운전면허가 취소될 상황이었다. 이는 특파원으로서의 업무를 제대로 수행할 수 없는 상황이므로 사실상 추방을 의미했다.

듣다 보니 이상한 점이 있었다. 그날 망년회가 끝나고 롯데호텔에서 나올 때 빨리 큰길로 나가기 위해 대부분의 차들이 역주행했는데 왜 하필 K 차만 잡혔는가 하는 생각도 들었다. 그런 다음 생각해 보니 음주 단속 전문경찰들의 태도도 이상했고, K가 음주측정기에 제로가 나왔는데 끝까지 포기하지 않았던 점도 의심이 들었다.

영사과 회의에서는 이런 여러 가지를 고려해볼 때 K가 러시아 정부가 싫어하는 보도를 몇 번 해서 추방되는 것이 아닌가 하는 의견도 제기되었다.

나뿐만 아니라 K의 입장도 굉장히 난처했다. 당시 〈KBS〉에서는 모스크바 지국을 설치하기로 결정했고, K가 임시 지국장이 되면서 그의 명의로 한국에서 방송기기들이 오고 있는 중이었다.

K가 한국으로 쫓겨 가게 되면 지국 설치도 물거품이 될 뿐만 아니라 이미 통관절차를 밟고 있던 장비가 반송된다면 상당한 손실을 보게 된다. 그렇게 되면 K는 본사에서 인사상의 불이익을 당할 수밖에 없다. 그래서 K는 경찰서에서 음주운전을 시인하는 문서에 서명하도록 한 나를 많이 원망하고 다닌다는 얘기도 들렸다.

나는 K 특파원과 관련하여 벌어졌던 상황과 우리의 분석 내용을 대사께 보고했다. 날카로운 판단력의 소유자였던 W 대사는 우리 대사관이 개입하면 위험해질 것 같으니 영사과는 더는 개입하지 않는 것이 좋겠다고 했다. 나는 대사의 결정이 합리적이라 생각되어 이의를 제기하지 않고 따르기로 했다.

그런데 며칠 뒤 외사관(경찰 주재관)이 내 방에 왔다. 자신의 소관인 러시아 경찰 관련 K 특파원이 이대로 쫓겨 가는 것을 두고 볼 수가 없으니 어떻게 해서든 최선을 다해 보자면서 개입을 주장했다. 가만히 얘기를 들어 보니 타당한 측면이 있었다.

우리나라를 대표한다고 할 수 있는 국영방송인 〈KBS〉의 특파원이 사실상 추방당하는데 대사관이 모른 척한다는 것은 상도의상 있을 수 없는 측면이 있다고 생각됐다. 더욱이 내가 잘못한 점도 있다. 그때 경찰서에서 K에게 문서에 서명하도록 권하여 러시아 측에 좋은 구실을 준 측면도 있는 만큼 나도 책임을 지는 것이 옳다고 생각했다. 〈KBS〉가 우리 대사관에 대하여 몹시 섭섭하게 생각할 것도 마음에 걸렸다.

그 자리에서 법무관까지 불러 좀 더 논의한 후 개입하기로 결정했다. 다만 W 대사께는 보고드리지 않기로 했다. 만약 일이 잘못되어 대사관 전체가 피해를 입게 되면 총영사인 내가 전적으로 책임지기로 하고 대사는 몰랐다고 하고 싶었기 때문이다.

그렇다고 해도 대사가 더 이상 개입하지 말라고 지시한 사안에 대하여 보고하지 않고 독단적으로 결정한 것이 마음에 걸렸다.

K 특파원 사건을 다시 검토한 결과 앞으로 남은 과정은 러시아 법원에서의 판결이었다. 그동안의 관례를 볼 때 법원에서 경찰이 결정한 사안을 번복할 가능성은 매우 희박했다.

더욱이 러시아에서의 음주운전 기준은 우리나라와는 달리 음주측정기의 수치뿐만 아니라 현장에서 지나가던 사람의 증언도 매우 중요한 증거로 채택한다. K의 경우에는 이미 경찰이 여러 명의 행인들로부터 K의 입에서 술 냄새가 났다는 진술을 확보해 놓은 상황이라 더욱 불리했다.

그럼에도 불구하고 나는 외사관에게 모스크바 경찰 내 교통 총괄 국장에게 총영사가 해당 재판에 증인으로 나가서 음주측정 때 K로부터 알코올이 전혀 검출되지 않았다는 것을 말하겠다는 내용의 메일을 보내라고 지시했다.

사실 나와 같은 외교관이 주재국 재판에 나가 증언하는 데는 여러 가지 까다로운 절차가 필요하다. 본부 허가도 받아야 하고 때에 따라서는 외교관의 특권과 면제를 포기해야 할 경우도 있다.

나는 이판사판의 심정으로 부딪치기로 했다. 사건을 시끄럽게 만들어 러시아 측에 최대한 부담을 주려는 의도였다.

그리고 메일을 통해 경찰서에서 그 문서에 서명했던 이유는 K특파원이 러시아어를 못했기 때문에 문서 내용을 전혀 이해하지 못했을 뿐만 아니라 서명하지 않으면 집에 보내주지 않겠다는 경찰의 강압조치 때문이었다는 점을 강조했다.

러시아 측이 증거도 없는데 무리하게 K 특파원을 음주운전으로 몰아가려는 것은 러시아 정부가 K 특파원의 보도 내용을 맘에 들어 하지 않아서가 아닌지 의심스럽다는 내용도 슬쩍 암시했다.

며칠 뒤 모스크바 경찰청 교통국장으로부터 만나고 싶다는 연락이 왔다. 나와 외사관, 법무관 그리고 통역이 경찰청으로 갔다. 경찰국장은 4명의 참모들과 함께 우리를 맞았다.

나는 모스크바에서 러시아어를 연수한 한국 최초의 외교관이며 주 블라디보스토크 총영사관을 창설한 이후 지난 20여 년 동안 한-러 간 협력을 위해 많이 노력해온 점을 열심히 설명했다. 그러면서 K 특파원이 음주운전을 하지 않았다는 점을 강조했다.

그런데 통역을 쓰다 보니 감정 전달이 잘 되지 않는 것 같아 나중에는 통역 없이 내가 직접 러시아어로 얘기했다. 특히 K 특파원이 러시아어를 못하기 때문에 경찰서에서 강제로 서명하게 한 그 문서는 무효라고 강조했다. 그랬더니 중령 계급장을 단 한 참모가 이의를 제기했다.

"K 특파원을 현장에서 조사했던 우리 경찰직원이 올린 보고서에는 K가 러시아어를 잘한다고 적혀 있던데 왜 러시아어를 못한다고 합니까?"

러시아어는 욕만 잘해

나는 결정적인 순간이 왔음을 직감했다. K가 음주운전 혐의를 벗으려면 러시아어를 못한다는 점을 입증해야 한다. 그런데 현장에서 K와 대화했던 러시아 경찰이 잘한다고 증언했기 때문에 나는 매우 곤란한 입장에 빠졌다. 그렇다고 현장에 있었던 러시아 경찰이 거짓말을 했다고 하면 러시아 경찰을 거짓말쟁이로 보느냐면서 화를 낼 것이 분명했다. 진퇴양난의 상황에 직면한 내 입에서 나도 모르게 뜻밖의 말이 튀

어나왔다.

"K는 러시아어로 욕만 잘합니다."

이 말에 교통국장과 참모들은 모두 큰 소리로 웃기 시작했다. 엉겁결에 한 내 대답은 기가 막힌 묘수였다. 이 한마디로 현장의 러시아 경찰도 거짓말을 하지 않았던 것이 되고, 러시아어를 모르는 K가 내용도 모르면서 음주운전을 시인하는 문서에 서명한 것이 되었다. 나는 순간적으로 이제 해결의 실마리가 보이는구나 하는 느낌이 들었다.

몇 주 뒤 러시아 경찰은 K 특파원이 일방통행을 위반한 건에 대해서만 벌금을 부과했고 음주운전에 대해서는 문제를 삼지 않았다. 이로써 K의 운전면허는 취소되지 않았고 사건은 해결되었다.

지금 와서 생각해 보면 러시아 정부가 K의 보도 내용에 불만을 가져 추방하려고 했던 것은 아니었던 것 같다. 만약 그랬다면 내가 경찰서에 가서 아무리 교섭을 잘 했다고 해도 K가 쫓겨나는 것을 절대 막을 수는 없었을 것이다.

당초 러시아 경찰은 연말 교통위반 특별점검 차원에서 위반이 많은 모스크바 롯데호텔 인근 일방통행 도로에서 역주행 차를 검문하는 일을 하고 있었다. 하필 K의 차만 잡힌 것은 운이 없었던 것 같았다.

러시아 경찰은 술 냄새가 약간 나는 K가 자신들에게 거칠게 항의한 것에 매우 화가 나서 음주운전 단속 경찰관을 불러 반드시 음주운전으로 처리하도록 요구했던 것이다. 음주단속 경찰관들도 그들의 동료에게 욕을 했다고 한 외국인에게 격분하여 K를 끝까지 음주운전으로 처

벌하려 했던 것 같았다.

어떻게 보면 영국에서의 난타 팀이나 K 특파원 사건은 주재국의 가장 강력한 기관 중 하나에 괘씸죄로 걸려 궁지에 몰리게 된 점에서 공통점이 있었다. 이런 문제는 영국이나 러시아같이 강대국이라 힘들었다고 생각할지 모르겠지만 지구촌 어느 약소국이라고 해도 해결하기가 힘든 사건이다.

러시아 측이 한 발 물러섰던 주된 이유는 아마도 총영사였던 내가 법정에 나가 음주측정에서 알코올이 전혀 나오지 않았다고 증언하면 입장이 난처해질 수 있다고 판단했기 때문이라고 생각된다.

특히 내가 경찰국장과 면담할 때 K가 러시아어를 잘한다는 보고를 받았다는 경찰 간부의 반론에 K가 러시아어로 욕만 잘한다고 대답한 것은 상당히 성공적인 반론대응이었다고 생각한다. 우리 주장도 정당화하면서 러시아 측의 체면도 손상하지 않고 명예롭게 양보할 수 있게 한 점에서 절묘한 대응이었던 것이다.

뜻이 있는 곳에 길이 있다
모스크바 한국학교의 폐교 위기 극복

모스크바 한국학교는 1990년 한국이 소련과 수교하면서 대사관, 상사 주재원 및 교민 자녀들의 초등교육을 위하여 설립되었다. 유럽에서의 유일한 한국학교로 유치원과 초등학교 6년 과정으로 구성되었다. 학생은 약 100명으로 교육부에서 파견된 교장과 교사들에 의해 운영된다.

한국학교는 비영어권 국가들 중 주로 개발도상국에 체류하는 우리 국민 자녀들의 교육을 위하여 교육부가 설립하고 직접 운영하는 정규 학교로서 전 세계 30여 개 정도가 있다.

모스크바 한국학교는 유치원생이나 초등학생 자녀를 둔 대사관 직원, 상사주재원 및 교민들에게는 더없이 소중한 존재다. 모스크바는 매우 춥고 영어가 거의 통하지 않는 데다 여가활동 시설도 별로 없다. 제반 거주환경이 열악하니 미국이나 영국인에게는 인기 없는 지역이다. 따라서 모스크바에 있는 미국과 영국계 학교는 수업료는 비싸면서도 유능한 교사들의 확보가 쉽지 않아 한국학교의 수준을 따라가지 못한다는 평을 듣고 있다.

교민 자녀 위한 소중한 존재

1990년 초 모스크바 내 유치원 건물을 임차하여 개교했던 한국학교는 1994년 불안한 치안 등의 문제로 고려인 E가 교장으로 있던 러시아 1086학교 안으로 이주했다. E는 한국학교를 위해 교장실을 내주는 등 같은 민족으로서 따뜻한 호의를 베풀었다.

하지만 당시 대사관 내 교육관에 의해 추진된 이러한 이전 결정은 언젠가는 터질 수밖에 없는 시한폭탄을 끌어안고 있었다.

그 이유는 첫째, 1086학교와 같은 러시아 공립학교 시설을 외부기관에 임대하는 것은 러시아 법률을 위반한 사안이라는 점이다.

둘째, 러시아 경제가 고도성장을 하면서 모스크바 건물 임차료도 폭등하기 시작했고 내가 러시아에 부임한 2010년에는 한국학교 규모의 건물을 임차하기 위해선 100만 불 이상이 소요될 것으로 추산되었다. 1994년 이래 매년 6.5만 불을 임차료로 지불해 왔던 한국학교로서는 만약 1086학교에 문제가 생겨 다른 건물을 임차해야 하는 경우 전년 대비 1,500% 증액된 100만 불 규모의 임차료를 확보해야만 한다. 이는 우리 정부의 예산 관례상 불가능한 일이다.

셋째, 20여 년 전부터 일반 건물을 빌려 매년 모스크바 한국학교 임차료를 증액해 왔다고 해도 이미 모스크바는 한국학교를 유지하기에는 너무 비싼 도시가 되었다.

전 세계적으로 30여 개에 이르는 한국학교는 대부분 물가가 싼 개발도상국에 소재하고 있어 임차료가 저렴한 편이다. 중국에 있는 한국학교는 학생이 1,000여 명이나 되는데도 건물 임차료는 1년에 10만 불가량이 소요된다. 그러나 학생이 100여 명에 불과한 모스크바 한국학교 임차료로 매년 100만 불을 지급해야 한다면 형평성에서 맞지 않을 뿐만 아니라 우리 국내의 학교 운영비보다 훨씬 비싸게 되어 지원해줄 수 없다는 것이 교육부의 입장이다. 따라서 1086학교가 더 이상 건물 일부를 임차하여 줄 수 없다고 통보할 경우에는 모스크바 한국학교는 폐쇄할 수밖에 없는 운명이 된다.

이러한 한국학교의 문제점을 누구보다도 심각하게 인식하고, 이를 해결하기 위하여 노력했던 사람은 2000년대 중반 주러한국대사관에 부임했던 신문규 교육관이었다. 신 교육관은 본인의 주재관 임기를 연장하여 7년간 대사관에 근무하면서 모스크바 한국학교 관련 시한폭탄의 뇌관을 제거하려고 노력했다.

신 교육관은 향후 한국학교가 1086학교 건물에서 나가야 할 경우를 대비하여 건물 구매를 위한 예산 확보에 총력을 기울였다. 그의 헌신적인 노력에 힘입어 대사관은 한국학교 건물 구입비로 1,000만 불을 확보하는 데 성공했다.

일반적으로 한국학교 건물 구입비는 정부와 교민이 반반씩 부담하는 것이 원칙이었다. 그러나 모스크바에는 우리 교민이 많지 않았고 지상사 활동도 그다지 활발하지 않아 1,000만 불 중 950만 불은 정부예산으로 지원하기로 했고 50만 불은 모스크바 주재 지상사 모금액으로 충당하기로 했다. 대신 한국학교 건물은 우리 정부, 즉 주러한국대사관 명의로 구입해야 한다는 조건이었다. 그런데 나중에 이 조건이 나의 발목을 잡게 되었다.

당시 신 교육관은 1,000만 불이라는 거금을 확보하는 데 전력을 경주하느라 러시아에서 한국 정부 명의로 학교건물을 구입하는 것이 얼마나 힘든 일인지 몰랐던 것 같았다. 러시아대사관에 근무했던 다른 주재관들뿐만 아니라 외교부 직원들, 나중에 이 일을 맡게 된 나 또한 마찬가지였다.

대부분의 국가들은 외국 정부가 자국의 건물 및 토지 등을 매입하는 절차를 매우 까다롭게 만들어 사실상 구입을 차단하고 있다. 그 이유는 외국 정부가 막강한 자금력을 앞세워 자국 내 부동산을 자유롭게 구입할 경우 상당 규모의 영토가 외국 정부에 합법적으로 양도되는 결과가 초래될 수도 있기 때문이다. 이러한 점은 우리나라도 예외가 아니다.

특히 러시아의 경우 건물은 일반 국민이 소유하고 있지만 토지는 국가나 시청이 소유하고 있는 경우가 대부분이라 구입 절차가 더욱 까다롭다. 또 정부의 구입허가를 받는 행정절차 역시 다른 나라들보다 훨씬 어려워 더 힘들다고 할 수 있다.

벼랑 끝 위기의 한국학교

2011년 3월 내가 총영사로 자리를 옮긴 지 며칠 되지 않았을 때 오랫동안 우려해왔던 문제가 결국 발생했다. 거의 20여 년간 재직해왔던 모스크바 시장이 교체되면서 모스크바 시 교육감도 새로 임명했다. 그가 1086학교가 한국학교에 건물 일부를 임대한 것을 문제 삼아 고려인 교장 E에게 중징계를 내린 것이다. 이에 E는 한국학교에 2011년 8월 31일까지 1086학교에서 나가줄 것을 요청하는 공문을 보내왔다.

이제 모스크바 한국학교는 6개월 이내에 다른 건물을 찾지 못하면 폐교해야만 하는 벼랑 끝으로 몰리게 되었다. 물론 모스크바에서 약 100만 불의 임차료가 소요되는 건물을 찾아 이전하면 될 일이었다. 그러나 모스크바 한글학교에 매년 6.5만 불의 임차예산을 지급해 왔던 기획재정부가 전년 대비 약 1,500% 증액된 예산을 승인해 준다는 것은 누가 봐도 비현실적인 시나리오였다. 게다가 신 교육관이 학교용 건물을 구입하겠다고 1,000만 불의 예산을 이미 받아 놓았기 때문에 기재부가 대폭 증액된 임차예산 요청에 동의해 줄 가능성은 더욱 없었다.

이제 나와 신 교육관 그리고 한국학교 앞에는 외길 수순만 남게 되었다. 앞으로 6개월 이내에 이미 확보한 1,000만 불 범위 내에서 주러 한국대사관 명의로 한국학교 건물을 구입해야만 했다.

목표는 분명했지만 방법이 문제였다. 이론적으로 보면 모스크바 부동산 시장에 한국학교로 사용할 수 있는 건물이 나타나면 우리는 러시아 정부에 그 건물을 한국학교로 구입하겠으니 승인해 달라는 요청을 해야 하고 건물 주인은 정부 허가가 나올 때까지 기다리면 된다. 그런데 주인에게 건물 구입의사를 한 달 이내에 통보해 주어야 하지만 러시아 정부의 승인은 짧게 잡아도 몇 년은 걸린다는 데 문제가 있었다.

러시아 정부의 승인 없이 주인에게 구입의사를 밝힐 수도 없고, 그렇다고 정부 승인을 기다리다 보면 돈이 급한 주인이 다른 사람에게 건물을 팔아버리게 되는 것이다.

총영사를 맡아 한국학교 건물 구입문제를 본격적으로 검토하고 보니 러시아 정부 승인과 관련하여 어느 부서가 담당인지조차 파악되지 않은 상황이었다.

신 교육관은 이전 3년 동안 부동산 시장에 나온 건물 중 적당한 후보에 대해 승인을 받기 위해 외교 공한을 러시아 외교부와 모스크바 시청 등에 여러 차례 보냈지만 아무런 회신도 받지 못했다고 했다. 서로 자기들이 주무 부처가 아니라고 했다는 것이다.

신 교육관이 담당부서를 확인하지 못한 채 러시아 정부의 허가를 받기 위해 시간을 허비하는 동안 시장에 나왔던 건물들이 다른 사람들에게 팔려버리는 악순환이 되풀이되고 있었다.

나는 지난 6개월 동안 정무공사참사관으로 일하면서 쌓았던 러시아 외교부 내 인맥을 활용하여 필요한 정보를 수집했다. 우리 대사관 명의로 한국학교 건물을 구입하는 경우 외교부 한국과가 주무를 맡게 되며 우뻬데카(러시아 외교부 산하기관으로 대사관들에 대한 건물 임차 등을 담당)와 모스크바 시청 그리고 외교부 법률국의 승인을 받아야 한다는 것을 알게 되었다.

그런데 추가로 파악했던 정보는 나를 무척 실망시켰다. 우선 우뻬데카는 모스크바 주재 외국 대사관들에게 건물을 빌려주고 벌어들이는 임대료가 주요 수입원인 만큼 외국 대사관이 건물을 구입하는 것을 싫어한다는 것이었다. 또한 모스크바 토지의 대부분을 소유하고 있는 시청은 유치원이 200여 개 부족한 점을 고려하여 유치원용 건물이 외국 학교용으로 매각되는 것을 허가하지 않는다고 했다. 게다가 외교부 법률국은 상호주의 조건이 충족되지 않으면 대사관의 건물 구입을 승인하지 않는다는 원칙을 견지하고 있었다.

이미 10여 년 전 한국과 러시아는 서로 상대국에게 부지를 제공하여 대사관 건물을 지었다. 우리는 대사관 용도로만 건축한 반면 러시아는 대사관 안에 학교까지 지었기 때문에 별도의 학교 건물을 구입할 필요가 없었다. 이는 한국학교 건물 구입에 대한 러시아 정부의 승인이 그만큼 더 늦어질 수 있음을 의미했다.

나와 친밀한 관계를 유지해 왔던 러시아 외교부의 M 과장은 대사관 명의로 한국학교 건물을 구입하는 것은 사실상 불가능하니 러시아 정부로부터 설립허가를 받은 한국의 민간단체를 전면에 내세워 구입하는 것이 현실적으로 가능한 방안이라고 말해 주었다. 나와 신 교육관도 우리 정부 명의로 한국학교 건물을 구입하는 것은 사실상 불가능하다는 결론에 도달하였다. 설령 몇 년이 걸려 러시아 정부의 허가를 받더라도 그때까지 기다려 줄 건물 주인은 어디에도 없을 거라는 점에서도 의견을 같이 했다.

우리는 러시아 정부의 허가를 받고 러시아에서 20년 이상 활동해 오고 있던 W라는 한국 민간단체의 명의를 빌어 건물을 구입키로 했다. 이것은 당시 우리가 예상했던 것보다 훨씬 위험하고 무모한 시도였다.

우선 100억 원 규모의 정부 건물의 명의를 민간단체에 이전한다는 것은 심각한 법적 소유권 문제를 야기할 수 있었다. 나중에 그 민간단체가 자신의 소유라고 주장할 경우에는 되찾아 올 방법이 없었다. 게다가 러시아 정부는 이런 방식에 의한 부동산 구입을 일종의 기만행위로 간주하여 우리 정부에 강력하게 항의할 수 있고, 이에 따라 심각한 외교문제로 비화할 수도 있었다.

민간단체 명의로 한국학교 건물을 구입하는 수밖에 없다고 결정한 지 얼마 되지 않아 신 교육관이 좋은 조건의 건물이 나왔다면서 흥분하여 뛰어왔다. 위치도 좋고 건물 상태도 양호하다고 했다. 게다가 그 건물은 유치원으로 지어졌지만 나중에 상가 건물로 용도 변경되어 모스크바 시청이 반대할 이유가 없을 것이라는 것도 장점이었다.

더욱이 건물 주인이 은행에서 빌렸던 150만 불을 급히 갚아야 해서 850만 불이라는 비교적 싼 가격에 내놓아 우리 예산 범위 내에 있었다. 나와 교육관은 즉시 그 건물이 있는 장소로 달려갔다.

교육관 말대로 우리가 원했던 모든 조건을 충족하고 있는 그 건물은 불과 며칠 사이에 A국 대사관을 포함 경쟁자가 다섯이나 되었다. A국은 대사관저로 사용할 의향이었는데 외교 관례상 즉시 허가해 주기 때문에 우리보다 훨씬 유리한 입장에 있었다.

민간단체 이름으로 계약 추진

시간을 지체하다가는 건물을 빼앗기게 될 것이라는 생각에 나와 교육관은 계약을 서둘렀다. 부지런하면서도 유능했던 교육관은 어느새 W 단체 대표로부터 명의를 빌려주겠다는 동의를 받아냈다. 우리는 며칠 뒤 그 건물을 850만 불에 구입하겠다는 가계약을 체결했고 일종의 보증금 성격으로 백만 루블(약 4,000만 원)을 지급했다. 그리고 건물 주인의 희망에 따라 교육관 대신 총영사인 내가 가계약서에 서명했다.

그런데 한국학교용 건물 구입에 대한 교육부의 승인에는 별다른 문제가 없을 것이라고 하던 교육관의 장담과는 달리 교육부에서 승인 불가 전문이 왔다. 민간단체 명의로 구입하는 것을 승인할 수 없으니 우리 정부 명의로 다시 구입을 추진하라는 것이었다.

나와 교육관은 너무 놀라서 아무 말도 할 수 없는 지경이 되었다. 교육관이 알아본 바에 의하면 교육부 결정은 대학에서 법학을 전공했던 R이라는 여성 과장이 장관실 법률보좌관인 검사의 자문을 얻어 주도한 것이라고 했다.

며칠 뒤 나는 서울로 가서 교육부의 담당 국장과 R 과장을 만나 대책을 논의했지만 해결방안을 찾을 수 없었다. 민간단체 명의로 학교 건물을 구입하는 것이 너무 위험하다는 교육부의 입장은 이해할 수 있었으나 한국학교가 폐쇄되어도 어쩔 수 없다는 교육부 간부들의 태도가 섭섭하기만 했다. 모스크바로 돌아오는 비행기에서 곰곰 생각해 보니 나와 교육관의 판단이 잘못되었던 것 같았다.

내가 다시 모스크바로 돌아왔을 때 신 교육관은 자신이 지난 3년 동안 고생하면서 모았던 한국학교 건물 구입 예산 1,000만 불을 반납하겠다고 했다. 하지만 나는 하늘이 무너져도 솟아날 구멍은 있을 것이라면서 다시 시작해 보자고 했다.

우선 시급했던 것은 건물주를 만나 상황을 설명하고 이해를 구하는 일이었다. 건물주는 우리와 가계약을 체결한 지 몇 달이 지나 다른 구매 희망자들을 다 놓쳤을 뿐만 아니라 무엇보다도 은행 대출금 상환기일이 다가오고 있었다. 건물주는 최악의 경우에 최대 700만 불까지 손해를 볼 수 있었던 상황이었다.

다음 날 나는 교육관과 함께 건물주를 만나러 갔다. 본의 아니게 큰 손해를 끼칠 수 있게 된 점에 대해 사과한 뒤 나도 책임을 지겠다는 의미에서 가계약금 100만 루블을 개인 비용으로 지불하겠다고 했다. 원래 건물주와 가계약했을 때 지급했던 4,000만 원은 필요시 우리가 되돌려 받을 수 있게 되어 있었는데 그것을 포기한 것이다.

나는 건물주에게 앞으로 러시아 정부의 허가를 얻어서 우리 정부 명의로 건물을 구입하는 절차를 추진하려고 하니 시간을 조금만 주도록 간청했다. 사실상 실행 불가능한 방안이라는 것을 잘 알면서도 한 달만 시간을 달라고 간곡하게 요청했다. 어느 정도 화가 누그러졌던 주인은 은행의 건물 차압 절차가 곧 시작되는 만큼 2주 이상은 힘들다고 했다.

나는 이제 2주 안에 러시아 정부의 허가를 받지 못하면 개인적으로 4,000만 원을 물어내야 할 뿐만 아니라 건물주로부터 80억 원에 달하는 손해배상소송을 당할지도 모르는 위기에 몰리게 되었다.

설상가상 1,000만 불이라는 정부 예산을 확보해 놓고도 건물 하나 제때 구입하지 못한다고 분노한 모스크바 교민들이 언론기관에 불만을 제기했다. 국내 언론에서는 한국학교 건물 구입에 무슨 문제가 있는지 특별취재를 하려는 움직임까지 보였다. 나는 절벽에 매달린 사람이 되었다. 어쩌다 이 지경까지 오게 되었는지 참담한 생각이 들었다.

옷벗을각오를하고

나는 2011년 7월 5일을 아직도 생생하게 기억한다. 물에 빠진 사람이 지푸라기라도 잡는 심정으로 나와 친하게 지내고 있던 러시아 외교부의 D 부국장을 만나 간절하게 도움을 요청했다. 나의 설명을 듣고 난 D의 안색이 어두워졌다. 이런 사안은 여러 부처의 검토가 필요한데 각 부처마다 법령으로 규정한 최소한의 검토 시간이 있을 뿐만 아니라 하계휴가 기간이라 더욱 시간이 걸릴 것이라고 걱정했다.

D는 무엇보다 내가 개인적으로 100만 루블을 변상해야 한다는 사실과 한국 어린이들이 9월부터는 학교에 다니지 못한다는 점에 대하여 무척이나 안타까워했다. 단 한 번도 이런 일을 해본 적이 없기에 자신 없다면서도 최선을 다해서 도와주었다.

D는 우선 러시아 외교부 산하기관인 우뻬데카에 한국학교 건물 구입 관련 사항은 최대한 협조해 주라는 공문을 보냈다. 이로써 우뻬데카가 학교 건물 구입에 적극적으로 협력해 주는 계기가 되었다. 필수 절차인 우뻬데카와 모스크바 시청의 학교 건물에 대한 공동 현장실사도 하루 만에 끝났다. 또 건물주 부인도 예상치 못한 우뻬데카의 호의적인 반응에 고무되어 남편과 상의 후 시간을 다소 연장해 주었다.

그럼에도 불구하고 갈 길은 멀었다.

첫째, 우뻬데카의 동의뿐만 아니라 모스크바 시청으로부터도 허가를 받아야만 했는데 문제는 러시아 외교부도 시청에 대해서는 영향력을 미칠 수 없었다는 것이다. 모스크바 시청은 원래 유치원 목적으로 지어졌던 건물은 러시아 유치원에 매각하기를 희망하여 한국학교용 건물 구입을 승인해 줄 것인가 하는 점은 매우 불투명했다.

둘째, 건물주의 채권은행이 얼마나 기다려줄지도 관건이었다. 당시 나와 교육관은 채권은행이 차압 절차에 들어가기까지 여유 시간이 약 한 달로 파악하고 있었다. 이 기간 안에 허가를 받는다는 것은 꿈같은 얘기라 생각되었다.

셋째, 우뻬데카와 모스크바 시청의 허가를 받았다고 하더라도 최종 단계에서 러시아 외교부가 상호주의를 조건으로 내걸 가능성이 매우 높았다. 이럴 경우 최소한 6개월 이상 추가 기간이 걸릴 것이다.

이렇게 피를 말리는 하루하루가 지나갔다. 심장이 쪼그라드는 상황에서 30일이 지났고 모스크바 시청으로부터 허가가 났다는 소식을 들었다. 바로 나는 건물주와 채권은행 간부들을 함께 만나 모스크바 시청의 허가를 받은 만큼 조금만 더 기다려 줄 것을 요청했고 기간연장에 그들의 동의를 얻었다. 10여 일 후 우뻬데카도 건물 구입을 승인했다. 이제 러시아 외교부의 내부 절차만 남았다.

그날 오전 10시경 한국학교 건물 허가 관련 보고를 받았던 D 부국장이 외교부 법률국 검토 등 모든 절차를 완료하고 허가한다는 러시아 외교부 명의의 외교공한을 우리 대사관으로 보내주었던 시각은 당일 오후 3시경이었다. 더욱 놀라웠던 것은 그 외교공한에 상호주의 조건이 빠져 있었다는 점이다.

D가 고맙기도 했지만 러시아 입장에선 당연히 요구해야 하는 상호주의 조건을 D가 마음대로 빼도 되는지 같은 공무원 입장에서 걱정이 되기도 했다.

나는 사실상 불가능하다는 러시아 정부의 허가를 신청한 지 불과 40일 만에 받음으로써 모스크바 한국학교의 폐교라는 비극을 막는 동시에 우리 정부 명의로 새로운 학교 건물을 구입할 수 있게 되었다.

내가 지난 31년 동안의 외교관 생활을 하면서 해결하려고 했던 난제들 중 가장 힘들고 위험했던 일이 바로 '모스크바 한국학교'였다는 생각이 든다. 그동안의 외교관 생활에서 공무원으로서의 직을 걸다시피한 적이 몇 번 있었다. 하지만 모스크바 한국학교의 경우는 약 100억원의 국가재산을 날림으로써 민·형사상 책임까지 질 뻔한 상황까지 갔다는 점에서 과거의 경우들과는 차원이 달랐다.

모스크바 한국학교 이전 문제가 해결되자 무엇보다 당사자였던 학부모들이 몹시 기뻐했는데 그들은 대부분 우리 대사관 직원, 지상사원그리고 교민들이었다. 교육부도 폐쇄를 고려했던 학교가 살아나게 된점에 상당히 안도했다.

모스크바 한인회는 감사의 뜻으로 재외동포신문에서 수여하는 '발로 뛰는 영사상'을 받게 해주었고 교육부에서도 고마워하면서 장관 표창장을 보내주었다.

이 건은 내가 배웠던 교섭기술로 해결했던 것이 아니었다. 우선 교육부의 R 과장은 내가 파멸의 길로 들어서는 것을 막아주었다. 러시아외교부의 D 부국장은 수렁에 빠져서 허우적거리던 나를 죽을힘을 다해 구해주었다. 또한 보이지 않는 곳에서는 믿을 수 없는 행운도 따라주었다.

대사관 직원들과 교민 그리고 특파원들로부터 불가능한 일을 해냈다는 찬사를 받으면서도 오히려 나는 스스로 위기를 극복하지 못했다는 좌절감을 맛보기도 했다. 주변에서 도와주지 않았다면 분명 절벽에서 떨어졌을 나를 생각하니 자신이 얼마나 보잘것없는 존재인가 하는것도 알게 되었다.

모스크바 한국학교는 다시 생각하기도 싫은 악몽이지만 그 결과는 내가 추진했던 사업들 중 가장 감동적인 작품이었다. '잘한 일에 대한 최대의 보상은 그 일을 했다는 것이다.'라는 명언을 실감하게 해준 사업이었다.

산 넘어 산 한국학교의 개교

모스크바 한국학교는 천신만고 끝에 러시아 정부의 승인을 받아 우리 대사관 명의로 건물을 구입했지만 빨리 수리해서 개교해야 하는 문제에 직면하게 되었다.

러시아 외교부로부터 건물 구입을 승인하는 외교공한을 받은 때가 2011년 8월 중순이었으니까 2주 뒤인 9월 초에는 그간 세 들어 있던 러시아 1086학교에서 나와야 했다. 러시아 정부의 허가를 받는 데에 온 힘을 쏟느라 건물 수리에는 별로 신경을 쓰지 않았는데 막상 닥치니 문제가 한두 가지가 아니었다.

우선 러시아 관련 기관들의 허가를 받아야 했다. 우리 교민들은 대략 36개 기관의 허가를 받아야 될 것이라고 했다. 그 다음 건물 수리를 책임지고 담당할 인력 문제를 해결해야 했다. 일반적으로는 학교 건물 보수공사를 맡아 하는 행정실장이 있지만, 모스크바 한국학교에는 없다는 것이 문제였다. 또한 모스크바에서 이런 공사를 제대로 설계하고 감리할 수 있는 한국인 전문가를 찾기가 쉽지 않았다.

마지막 문제는 시간과의 싸움이었다. 전문가들의 의견을 종합해 본 결과 외벽 장식과 내부 인테리어 작업만 하더라도 설계와 시공에 최소 6개월은 걸릴 것으로 예상했다.

우선 새로 구입한 건물을 수리할 기간 동안만이라도 학생들이 예전에 다니던 1086학교에 더 다닐 수 있도록 하는 조치가 필요했다. 1086학교의 E 교장에게 한 학기만 더 있게 해 달라고 간청하여 6개월간 더 다닐 수 있게 되었다.

나는 건물 수리와 관련하여 중요한 안전 문제를 우선적으로 검토했다. 모스크바에 거주하고 있던 우리 교민들 중에서 유일하게 한국건축사 자격증을 가지고 있던 건축전문가들은 학교 건물의 상태가 양호한 관계로 구조물의 변경 없이 외부와 내부의 미장 공사만 하면 되므로 건물의 안전 문제는 걱정하지 않아도 된다고 했다.

다음으로 시급히 결정해야 했던 것은 부족한 시간 문제였다. 나는 더 이상 지체 없이 공사를 시작해야 한다고 결정했다. 사전허가를 받지 않았다고 러시아 관청에서 문제를 삼으면 내가 책임질 각오를 했다. 우리가 러시아 외교부로부터 받았던 건물구입 허가 외교공한에는 모스크바 시청의 동의도 포함되어 있으니까 필요시 이를 러시아 행정기관에 주장하겠다고 생각했다.

모스크바 한국학교 측에서는 교육부에서 행정실장을 파견해 준 다음 공사를 시작하자는 의견을 제시했지만 나는 본부 인력도 모자라는 교육부에서 행정실장을 보내줄 것으로 기대하지 않았다.

내 예상은 틀리지 않았다. 행정실장을 보내달라는 우리 대사관의 공문에 대하여 교육부는 한 달 뒤 인력사정으로 어렵다는 회신을 보내왔다. 이 문제는 신 교육관의 후임으로 대사관에 막 부임했던 신미경 교육관이 맡겠다고 한 덕분에 해결되었다.

그 다음은 겨울에 공사를 강행할 것인지를 결정해야 했다. 모스크바의 겨울은 영하 30도까지 내려가는 강추위가 지속된다. 그러나 우리는 봄까지 기다릴 시간이 없었기에 겨울에 공사를 하는 수밖에 없었다.

건물 수리에 대한 설계 및 감리는 모스크바에서 유일하게 한국건축사 자격증을 소지하고 있던 교민이 맡아서 해 주기로 했다.

마지막으로 고려해야 하는 것은 예산 문제였다. 다행히 신문규 교육관이 확보했던 1,000만 불 중 건물구입비 850만 불을 지급하고 150만 불이 남은 상황이었기에 교육부에 그 예산을 사용할 수 있도록 요청하여 승인을 받았다.

공사업체는 규정에 따라 공개입찰로 선정했다. 영하 30도의 강추위 속에서 공사하다 보니 고생이 이만저만 아니었고 공사비는 예상보다 많이 들어 업체는 결국 적잖은 손해를 보게 되었다. 그러나 사장은 우리 자녀들이 다닐 학교라 보람을 느끼고 있다면서 금전적인 손실에 대해서는 신경 쓰지 않았다. 고맙기도 하면서 미안하기도 했다.

공사가 한창이던 무렵 관할 구청 등에서 사전허가도 받지 않은 상태에서 건물 수리를 한다고 두 번이나 조사를 나왔다. 그들은 한국학교가 제시한 러시아 외교부의 공한을 보고 더 이상 문제 삼지 않고 돌아갔다. 나는 그토록 힘겹게 받았던 외교공한이 어려운 상황에서 큰 힘이 되어 주는 것을 보면서 결국 '세상은 공평하다'고 생각했다.

나와 신미경 교육관은 거의 매일 공사장에 나가 인부들에게 음료와 음식물을 제공하면서 애로사항들을 해결하기 위해 노력했다. 특히 영하 30도의 강추위 속에서 외벽 작업을 하는 것은 더욱 힘들어 보였다. 접착제가 얼어붙어 센 불로 녹여가며 작업하면서도 보람을 느낀다는 분들이 고맙기만 했다.

새 단장을 한 모스크바 한국학교는 2012년 3월 초 임시로 개교한 후 그 해 4월경 우리 교육부 장관이 참석한 가운데 공식 개교행사를 거행했다. 러시아 외교부의 D 부국장과 모스크바 시청의 부국장 등 한국학교 건물 구입에 많은 도움을 주었던 인사들과 지난 20여 년간 한국학교에 적지 않은 편의를 제공해 주었던 1086학교의 E 교장에게 교육부 장관의 감사패가 증정되었다.

R과장을 비롯한 교육부 간부들은 모스크바 한국학교가 폐교되지 않고 독립 건물을 구하여 새로 개교하게 만든 우리 대사관에 고마워했다. 감사의 표시로 R 과장이 보내 주었던 특별지원금으로 오래된 스쿨버스 두 대를 새 버스로 교체했다.

모스크바 한국학교의 건물 구입은 폐교 위기를 극복했다는 데도 큰 의미가 있었지만 다른 이점도 많았다.

1086학교에 세 들어 살 때에는 장소가 협소하여 유치원에 다니고 싶어 했던 아동을 다 수용할 수 없었는데 비교적 넓은 독립 건물로 옮겨오면서 이 문제가 해결되었다. 토요일에는 영국 및 미국계 학교에 다니는 우리 중학생들을 위한 한글학교도 개설할 수 있게 되었다.

그런데 내가 2012년 8월 한국으로 귀국한 후 얼마 지나지 않아 교육부의 R 과장이 업무상 과로로 순직하였다. 불과 얼마 전까지만 해도 모스크바 한국학교에 대한 의견 차이로 나와 심하게 싸웠지만 결과적으로 나를 사지死地에서 구해 주었던 사람이었다.

R과장이 이제는 저 세상 사람이 되었다는 사실이 도저히 믿어지지가 않았다. 며칠 뒤 성당에서 거행된 영결식에서 가족과 친척들이 오열하는 가운데 나는 한참동안 멍하니 앉아 있었다.

몇 년 전 국립외교원에서 근무할 때 모스크바로 출장을 가게 된 적이 있다. 거기까지 간 김에 한국학교가 어떻게 변했을지 궁금해서 한번 가보고 싶어졌다. 대사관 직원을 통해 방문 의사를 전달했다.

학교에 도착했을 때 나는 따뜻한 환대에 깜짝 놀라고 말았다. 학교 정문에는 나를 환영한다는 큰 플래카드가 걸려 있었고 전교어린이회장이 꽃다발을 들고 나를 맞아 주었다. 그때 출장 중이던 교장선생님을 대리하고 있던 선생님은 내가 모스크바를 떠난 이후의 학교 변화에 대하여 파워 포인트로 브리핑을 해주기도 했다.

나는 자랑스러운 대한민국의 외교관으로서 보람과 긍지를 느꼈다.

운이 좋은 사람은 1%가 다르다

5장

러시아를
재조명하다

운이 좋은 사람은 뭔가 다르다.
운도 가만히 있으면 오지 않는다.
운은 우연의 결과물이 아니다.
스스로 행동함으로써 얻어진다.

모스크바의 풍경
구소련 붕괴 후 불어온 변화

1991년 8월 말 외교아카데미에서 1년간 러시아어 연수를 하러 모스크바에 도착했다. 당시는 고르바쵸프Mikhail Gorbachev 소련 대통령에게 반기를 든 공산당 보수파들의 쿠데타가 실패가 돌아간 지 며칠 지나지 않았다. 정치적으로 매우 어수선했고 몇 달이 지난 12월 26일에는 소련이 공식적으로 붕괴된 뒤에 경제적으로도 상당히 어려운 시기가 찾아 왔다.

나는 3주를 기다려 모스크바 외곽에 있는 외교아카데미 기숙사에 간신히 들어갈 수 있었다. 방이 3개인 허름한 아파트를 베트남 외교관 가족 및 캄보디아 외교관과 함께 사용하게 되었다.

키는 별로 크진 않았지만 날카로운 눈매를 가진 베트남 외교관 T는 외교부가 아니라 강력한 권한을 가진 공산당 중앙위원회 소속이었는데 장인도 현직 경찰서장이라는 것으로 봐서 상당한 배경을 가진 집안 출신인 듯했다.

오래 전 모스크바 외교아카데미에서 7년간 러시아어를 배웠다는 T는 영어를 배우기 위해 다시 왔다고 했지만 학업에는 별로 뜻이 없어 보였고 수시로 나에게 영어 숙제를 물어보곤 해서 금방 친해졌다. T는 베트남전 당시 월맹군 대공포부대 장교로 미군과 싸웠다고 자랑하곤 했다.

하루는 내가 "대공포부대는 후방에서 편히 전쟁하는데 뭘 그렇게 자랑하느냐?"며 핀잔을 줬다.

"모르는 소리 하지도 마라. 대공포를 한 발 쏘는 순간 미국 전폭기들이 벌떼처럼 와서 그 지역을 쑥대밭으로 만들기 때문에 베트남전에서 가장 희생이 컸던 부대다."

T는 단번에 반박했다. 실제 참전용사가 그렇게 주장하니 경험이 없던 나로서는 믿을 수밖에 없었다.

당시 러시아는 극심한 물자 부족에 허덕이고 있었는데 생필품을 구하기 위해 일반 시민들이 상점 앞에 수백 미터씩 줄을 서 있는 광경을 어디서나 볼 수 있었다. 문제는 몇 시간씩 기다린 끝에 상점에 들어가도 물건이 거의 없다는 것이었다.

이런 상황에서 T는 1kg도 구하기 힘든 설탕을 한 번에 50kg씩 구해 와서 나를 놀라게 했다. 더욱이 T는 러시아에 많이 진출해 있던 베트남 사람들을 매일매일 정확하게 파악하고 있었다. 나는 T가 러시아에 나와 있는 베트남인들 중 눈에 보이지 않는 실세라고 확신했다.

친절하지만 지극히 개인적인

먹을 것을 구하기 힘들었고 구해본들 입맛에 맞지 않아 고생하던 나에게 어느 날 희소식이 들려 왔다. 드디어 맥도날드 햄버거가 모스크바 시내 중심가에 진출했다는 것이다.

설레는 마음으로 단숨에 달려갔던 나는 가게 앞에 끝없이 늘어선 줄을 보고 힘이 쭉 빠졌다. 그러나 정신을 차리고 보니 방법이 보였다. 미리 와서 줄을 대신 서주고 돈을 받는 신종 영업이 성행하고 있었다.

웃돈을 주고서야 가게 안으로 들어갈 수 있었던 나는 한꺼번에 30개의 햄버거를 사와서는 냉동고에 넣어 두고 먹곤 했다. 반찬도 구하기 힘든 시절이라 햄버거를 먹을 때가 많았는데 가끔 대사관에 놀러 가면 선배들이 혼자서 고생한다고 또 맥도날드를 사주곤 해서 하루 세 끼를 다 햄버거만 먹은 적도 있었다. 그때 햄버거에 질리게 된 나는 지금도 맥도날드에는 잘 가지 않는다.

모스크바의 지하철은 지하 매우 깊은 곳에 있었고 하나의 긴 에스컬레이터로 연결되었는데 속도가 매우 빨랐다. 지하철역은 화려하게 꾸며 놓은 곳이 많았고 방송에서 본 적 있는 평양의 지하철 모습과 비슷하다고 느껴졌다.

유명한 모스크바대학교는 외교아카데미에서 두 정거장만 더 가면 되었기 때문에 내가 타고 다니던 지하철 노선은 모스크바 대학생들도 많이 이용했다. 아침에 지하철을 타면 상당한 미모의 모스크바대 여학생들이 책을 읽으면서 가는 모습을 자주 볼 수 있었다. 원래 러시아에는 미인이 많기로 소문나 있지만 지적인 매력까지 더해진 젊은 여대생들이 열심히 책을 읽는 모습을 아침마다 볼 수 있었던 것은 춥고 배고팠던 생활 속에서도 조그만 즐거움이었다.

가끔씩 재미있어 했던 것은 우리와는 다른 러시아인들의 특성 때문이었다. 언젠가 시내에서 물건을 사려고 주인과 얘기를 하고 있는데 지나가던 러시아 중년 여성이 나에게 '친절하게' 조언해주었다.

"이 집은 비싸니까 저쪽에 가서 사세요."

당연히 주인과 큰 싸움이 벌어졌으나 그 여성은 자신은 정당한 일을 했다는 식으로 전혀 개의치 않았다.

나는 이 같은 일을 다른 곳에서도 겪었다. 정말 '친절한 사람들'이구나 하고 감탄하게 되었다.

한 번은 우리 대사관 근처 길가에서 그림으로 설명된 러시아어 문법책을 파는 상인을 보게 되어 책값을 물어보았다. 1,000루블(약 2만 원)이라고 했다. 조금 비싼 것 같아 사지 않고 길을 건너갔더니 마침 똑같은 책을 파는 사람이 있어 얼마냐고 물었다. 그는 태연하게 2,000루블이라고 했다. 기가 막힌 나는 다시 물어 보았다.

"아니 바로 길 건너에선 1,000루블에 파는데 왜 여기서는 두 배나 비싸게 받습니까?"

그는 별 희한한 사람도 다 있다는 표정으로 나를 쳐다보며 말했다.

"그럼 거기 가서 사면 될 것 아니오?"

세상일은 알다가도 모른다고 했다. 그때 그 상인의 '황당한 태도'는 뜻밖에도 몇 년 뒤 블라디보스토크에서 발생한 '황당한 사건'을 해결하는 데 크게 도움이 되었다.

1993년 9월 22일은 대한민국 해군 역사상 최초로 러시아 태평양함대 사령부가 있는 블라디보스토크를 방문하여 러시아 해군과 연합훈련을 실시한 날이었다. 이런 중요한 행사는 우리 국민에게 당연히 보여줘야 했기 때문에 국방부는 주러한국대사관의 국방무관을 통해 TV로 중계방송 할 수 있도록 러시아 국영방송국과 모든 협의를 마쳤다.

물론 당시 러시아 극동지방의 통신사정 때문에 생중계는 어려웠다. 하지만 아침에 블라디보스토크 항으로 들어오는 우리 해군 함정의 모습과 환영 행사 장면을 촬영한 영상을 러시아 국영방송국의 협조를 받아 한국으로 송신하여 당일 우리 〈KBS〉, 〈MBC〉, 〈SBS〉의 저녁뉴스 시간에 방영할 계획이었다.

하루 전날인 9월 21일 오전 국방무관이 국영방송국 블라디보스토크 지국의 준비상황을 최종 점검하기 위해 우리 총영사관에 도착했다. 내가 통역으로 도와주려고 국방무관과 함께 블라디보스토크 지국에 갔다. 그런데 지국장은 출장 중이었고 부지국장은 진행 상황을 전혀 모르고 있었다.

문제는 그때 러시아 극동지방의 통신사정이 너무 열악하여 출장 중인 지국장과 전혀 연락이 되지 않는다는 것이었다. 보통의 상식으로는 우리 국방무관이 내일 이렇게 중요한 행사가 있고 모스크바 본사 및 여기 지국장과도 다 얘기가 되었다고 하면 그 선에서 조치를 하면 되는 것이었다. 그러나 부지국장은 '자기는 모르는 일'이라는 태도를 계속 견지했다.

당연히 머리끝까지 화가 난 국방무관이 소리를 지르자 부지국장은 "지국장하고 다 얘기가 된 것이라면 지국장하고 얘기해라."라고 차갑게 응수했다.

통역을 하던 나도 부지국장의 태도에 황당했지만 어쩐지 그런 태도가 낯설지가 않았다. 가만 생각해 보니 몇 년 전 모스크바 길에서 문법책을 팔던 상인이 생각났다.

'아하. 러시아 사람들은 이런 성격이 있구나.'

다소 냉정을 찾은 나는 국방무관에게 "내일 아침 일찍 다시 오죠"라고 제안했고 다음 날 내가 부지국장과 교섭함으로써 사태를 수습할 수 있었다. 연수할 때 우연히 알게 된 러시아 상인의 황당한 태도는 나에게 '예방주사'가 되어 대형 사고를 막을 수 있었다.

그로부터 정확히 19년이 지난 뒤인 2010년 8월 주러한국대사관에서 근무하기 위해 다시 모스크바에 도착한 나는 깜짝 놀랐다. 모스크바가 너무 달라져 있었던 것이다.

곳곳에 들어선 대형 슈퍼마켓에는 한국 못지않게 상품들이 많았고 최신식 아파트들도 많았다. 상전벽해桑田碧海라는 말은 모스크바를 두고 한 말 같기도 하였다.

상전벽해에 테러 위협까지

그러나 전에는 보지 못했던 새로운 위협이 등장했다. 그것은 '테러'였다. 러시아로부터 분리 독립을 위해 무장투쟁을 하고 있던 체첸지역으로부터의 자살특공대가 터뜨리는 폭탄에 적지 않은 러시아 시민들이 희생당해 불안에 떨고 있었다. 폭탄 테러는 지하철역이나 공항에서 행해졌는데 두 군데 모두 나와 무관한 지역이 아니었다. 폭탄이 터졌던 지하철 역 중 한 곳은 외교아카데미에 다닐 때 늘 이용했던 역이었다.

도모데도보 공항Domodedovo Airport에서 벌어졌던 자살테러 공격은 나에게 더욱 충격적으로 다가왔다. 왜냐하면 당시 모스크바 미국학교에 자리가 없어서 우리 아이들이 영국에서 마지막 학기를 공부하고 있었는데 아내가 몇 달에 한 번씩 영국을 갔다 올 때 이용하던 공항이었기 때문이다. 나는 아내가 도착할 때마다 그 공항에 나가 기다렸는데 폭탄이 터졌던 곳은 내가 늘 기다리던 장소 바로 옆이었다. 나는 마침 그날 공항에 나가지 않은 덕분에 화를 면할 수 있었던 것뿐이었다.

수십여 명이 목숨을 잃었던 그날 희생자들 대부분은 손님을 기다리던 택시기사들이었고 그 중 몇 명은 나도 얼굴이 익은 사람들이었다. 무엇보다 가슴 아팠던 일은 사고지점에서 불과 몇 미터밖에 떨어지지 않은 꽃집의 두 아주머니도 희생되었다는 점이었다.

러시아 사람들은 유달리 장미를 좋아했고 특히 공항에 부인을 마중하러 나갈 때에는 남편이 장미 한 송이를 사서 기다리는 것이 관례처럼 되어 있다. 나도 아내를 기다릴 때 그 꽃집에서 장미 한 송이를 산 적이 여러 번 있어서 내가 가면 아주머니들이 반갑게 대하곤 했다.

사고가 일어난 다음 날 나는 대사를 모시고 임시분향소가 차려진 공항으로 갔다. 폭탄이 터진 지점은 천으로 둘러싸여 있었고 꽃집 유리는 전부 박살이 나 있었다. 폭발에 의해 무서운 흉기로 변하였을 유리조각 때문에 아주머니들이 변을 피하기가 어려웠을 것이다.

모스크바에서는 다음 테러 공격은 사람이 가장 많이 모이는 슈퍼마켓이 될 것이라는 소문이 퍼졌다. 나는 슈퍼에 갈 때마다 어쩐지 불안한 마음을 감출 수가 없었다. 이솝 우화의 《시골 쥐와 서울 쥐》가 생각났다. 20년 전에는 춥고 배고팠어도 이렇게 불안하지는 않았는데…. 역시 세상은 참 공평하다는 생각도 들었다.

1991년 모스크바에서 연수하였을 때에는 차가 없어서 지하철로 모스크바 시내에만 돌아다녔다. 하지만 2010년부터 2년간 대사관에서 근무할 때에는 개인적인 승용차도 있었고 공무 출장인 경우 대사관 차를 이용할 수 있어 모스크바 외곽 지역도 구경할 기회가 생겼다.

내가 다녀본 지역 중에서 가장 기억에 남는 곳은 모스크바에서 차로 3시간 정도 떨어진 톨스토이Lev Nikolayevich Tolstoy 생가였다. 사실 나는 고등학교 때 톨스토이의 《전쟁과 평화》보다는 도스토예프스키의 《죄와 벌》을 읽고 더욱 큰 감명을 받았다. 그래서 굳이 톨스토이 생가에 갈 생각은 없었으나 러시아를 방문한 장관급 인사를 수행하면서 한번 가 보게 되었다.

눈부시도록 하얀 자작나무숲을 지나 생가로 가는 길은 무척 아름다 웠다. 귀족출신이면서 대부호였던 톨스토이의 생가는 매우 넓었다.

러시아 안내인의 설명을 들으면서 여기저기를 돌아다니다 나는 문 득 의문이 생겼다. 1917년 러시아 공산혁명 이후 발생한 내란 과정에 서 적군은 귀족의 집들을 모두 불태웠다고 들었는데 어떻게 톨스토이 생가는 이토록 멀쩡하게 남아 있는가 하는 점이었다.

나는 안내인에게 그 이유를 물었다. 톨스토이는 귀족에게도 존경받 았지만 자신의 저택 내에 농민학교를 세우는 등 가난한 농부들과 자녀 들을 위해 좋은 일을 많이 하여 내전 중에도 적이 없었다고 했다.

적군과 백군은 서로 톨스토이 생가는 포격하지 말고 보존하기로 신 사협정을 맺었다는 것이다. 그 결과 톨스토이 생가는 유일하게 보존된 러시아 귀족의 대저택이 되었단다.

그 말을 듣고 나니 톨스토이가 달리 보이기 시작했다. 극단적으로 적대적인 두 세력 모두로부터 존경받는다는 것이 얼마나 어려운 일인 가를 다시 한 번 생각하게 되었다.

보수와 진보 진영으로 나뉘어 심각한 대립 양상을 보이고 있는 우리 나라에 양측 모두로부터 존경받는 인물이 한 명이라도 있을까 하는 생 각이 들었다.

외교행랑의 비밀
주블라디보스토크 총영사관 창설 해프닝

1992년 8월 30일 나는 총영사관의 창설요원으로 블라디보스토크에 부임했다. 러시아어로 정복하다(블라젯츠Владеть)와 동쪽(보스토크Восток)의 합성어인 블라디보스토크는 '동방을 점령하다'라는 뜻을 지니고 있으며 1860년 북경조약에 따라 러시아가 청나라로부터 획득한 지역이다.

블라디보스토크는 러시아 태평양함대사령부가 있는 매우 중요한 군사도시로 1992년 1월 1일 외부에 개방되기 전까지는 러시아 사람들도 특별한 출입증이 있어야만 들어갈 수 있었다. 그해 8월에 총영사관을 개설한 우리나라는 미국과 함께 블라디보스토크에 가장 먼저 진출한 국가가 되었다.

북한과 일본은 블라디보스토크에서 자동차로 3시간 거리에 있는 북쪽 항구도시인 나호트카에 오래 전부터 총영사관을 설치해 운영하고 있었다. 그 후 일본은 블라디보스토크로 총영사관을 이전해 왔으나 이미 나호트카에 큰 총영사관을 지었던 북한은 경제적인 이유로 옮겨 오지 못했다.

1990년 초 구소련이 붕괴되고 새로 탄생한 러시아는 정치적인 혼란뿐만 아니라 경제적으로도 큰 어려움을 겪고 있었다. 특히 블라디보스토크가 속한 연해주는 연료 부족으로 영하 30도의 추위에 도시 전체에 난방이 중단되고 기차가 운행하지 못하는 등 고통이 심했다.

사정이 이렇다 보니 블라디보스토크에는 당연히 생필품도 귀했다. 공관 창설 업무도 바빴지만 당장 가족들이 먹고사는 문제를 해결해야 했다. 이런 연유로 총영사관 창설요원들 사이에서 인기를 끈 업무가 외교행랑을 받으러 일본 니가타에 가는 것이었다.

지금은 서울과 블라디보스토크 간 직항로가 생겨 3시간이면 갈 수 있지만 당시는 서울에서 니가타와 하바롭스크를 경유해야 했기에 최소한 1박 2일이 걸렸다. 사실 공관에서 외교행랑을 받고 보내는 업무는 누구나 기피하는 업무다. 하지만 우리는 니가타에 가서 먹을 것을 사올 수가 있었기 때문에 서로 가려고 했다. 그래서 직원들끼리 공평하게 돌아가면서 가기로 했다.

직원들은 가족의 생필품을 구하러 서로 가고 싶어했지만 사실 니가타에서 외교행랑을 받아서 돌아오는 일은 고생이 적지 않았다. 본부에서 보내는 외교행랑은 니가타에서 러시아 비행기에 실려 하바롭스크에 도착했다. 우리는 거기서 짐을 찾아 블라디보스토크행 40인승 경비행기를 타야 했는데, 문제는 창설 초기라 필요한 비품이 많아 외교행랑이 매우 무거웠다는 것이다. 보통 외교행랑에는 20~30kg의 가방이 여러 개 들어 있었다. 특히 공항에서 화장실에 갈 때는 양손에 하나씩 들고 나머지는 발로 밀면서 가야 하는 등 애를 많이 먹었다.

무엇보다 심각했던 것은 하바롭스크 공항에서 블라디보스토크행 비행기를 탈 때까지 대합실에서 기다려야 되는 3시간 동안 항상 분실 위험이 도사리고 있었다는 것이다.

하바롭스크에는 벌목공들을 관할하는 북한 임업대표부가 있었고 일주일에 두 번 정도 평양을 오가는 고려항공이 운항되고 있었다. 그런 곳에서 3시간을 대기하는 동안 한국 영사와 비밀서류와 암호장비가 들어 있는 외교행랑에 어떤 일이 생길지 결코 안전한 상황이 아니었다.

한 번은 어둠이 내린 하바롭스크 공항에서 내 발 밑에 놓아 둔 외교행랑을 지키며 앉아 있었는데 옆자리 세 명이 한국 사람같아 보였다. 반가워서 말을 건네려는 순간 "그 친구 평양에서 언제 왔어?" 하는 북한 사투리가 들렸다. 너무 놀라 자세히 보니 모두 가슴에 김일성 배지를 달고 있었다.

이런 상황에서 지금도 잊지 못하는 일이 있다. 그 날도 여느 때처럼 니가타에서 먹을 것을 잔뜩 산 다음 하바롭스크 공항에서 외교행랑을 찾고 있었다. 그런데 내 앞에 나타난 외교행랑은 평소와 달리 큰 나무상자였다. 가로, 세로, 높이가 각각 2m는 넘어 보였다. 기가 막혔다. 아니 본부에서는 저걸 어떻게 들고 조그만 비행기에 타라고 보냈나 하는 생각이 들어 무척 화가 났지만 어쩔 수 없었다.

어쨌든 3시간 뒤 블라디보스토크행 비행기가 떠나기 전까지 해결 방안을 찾아야만 했다. 우선 나무상자를 뜯어서 안에 있는 내용물을 꺼내는 것이 급선무였지만 아는 사람이 아무도 없는 하바롭스크 공항에서 어떻게 해야 할지 막막했다.

힘센 러시아 사람

그런데 갑자기 중학교 때 재미있게 보았던 이소룡 주연의 〈정무문精武門〉에서 러시아인 장사가 널빤지에 손으로 대못을 꽂는 장면이 떠올랐다. 혹시 여기 공항에서 지나가고 있는 러시아인들 중에도 그렇게 힘센 사람이 있을지 모른다는 생각이 들었다.

마침 내 옆을 힘이 세어 보이는 러시아 청년이 지나가고 있었다. 절박한 심정으로 섭섭지 않게 수고비를 주겠으니 나무상자를 해체해줄 수 있는지 물었다. 그는 시원스레 한번 해보겠다고 했다.

그 젊은이는 발로 상자를 지탱하면서 두 손으로 대못이 여러 개 박혀있는 나무를 잡고 힘껏 당기기 시작했다.

나는 그 상자를 빨리 해체해야만 하는 절박한 상황에서도 이 청년이 과연 맨손으로 그 대못들을 뽑을 수 있을까 하는 호기심이 생겼다. 그 청년이 최대로 힘을 주는데도 나무상자는 꿈쩍도 하지 않았다.

나는 '그럼 그렇지. 〈정무문〉은 영화니까 손으로 대못을 박고 그러지. 저렇게 단단히 박혀 있는 여러 개의 대못을 사람 손으로 뽑는다는 게 말이 되나.' 하는 생각이 들었다. 이제 저 상자를 해체하지 못하면 어떡하지 하는 걱정이 슬슬 시작되는 순간, 갑자기 우지직하는 소리와 함께 대못들이 뽑혀 나오기 시작했다. 나는 내 눈을 믿을 수 없었다.

하바롭스크 공항에서 우연히 만난 이름도 모르는 러시아 장사가 맨손으로 대못이 박힌 나무상자를 해체한 것이다. 나는 약속대로 사례금을 지급했다.

상자 안에는 매우 중요한 외신 장비가 7개 정도 들어 있었다. 물론 30kg 이상 나가는 장비들을 운반하느라 고생했지만, 대못이 뽑혀 나오던 그 장면은 지금도 경이롭고 신비스러운 순간으로 기억되고 있다.

돌이켜 보면 그때 하바롭스크 공항에 있던 러시아 사람들에게 망치를 빌렸으면 보다 쉽게 해결할 수 있지 않았을까 싶기도 하다. 그러나 한적한 시골 공항 같은 인적이 드문 그곳에서 망치를 빌리기도 쉽지는 않았을 것이다. 설령 운 좋게 망치를 구했다고 해도 그런 일을 한 번도 해보지 않았던 내가 과연 나무 상자에 단단히 박힌 대못들을 빼낼 수 있었을까 하는 생각도 든다.

또 저녁 시간에는 평양에서 고려항공이 도착하는 경우가 적지 않아 북한 임업대표부 직원들이 공항에 나올 때가 많았다. 만약 그들이 비밀 장비들이 들어 있는 큰 나무 상자를 여느라 끙끙대고 있는 한국 영사를 보았다면 어떻게 되었을까 하는 생각도 해본다.

인간은 만물의 영장답게 거의 모든 경우를 생각하여 대비하지만 결국은 신이 아니기에 엉뚱한 실수를 저지르기도 한다. 하바롭스크 공항 사례도 우리 총영사관과 본부 모두 미처 생각하지 못한 허점을 노출한 매우 위험한 사건이었다. 하지만 우연히 만났던 러시아인 장사 덕분에 운 좋게도 아무 탈 없이 해결할 수 있었다.

우리 총영사관으로서는 창설 공관이면 당연히 외신장비가 올 것인데 본부에서 언제 보내는지를 확인해야 했고, 또 그 장비를 찾으러 갈 때는 최소한 3명 정도는 보냈어야 했다. 본부에서는 블라디보스토크행 비행기는 소형이라 승객이 수화물을 손에 들고 탑승한다는 것쯤은 알고 큰 나무상자 대신 휴대가 가능한 가방에 나누어 보냈어야 마땅했다.

그날 내가 받은 외신장비들은 비밀 장비여서 만약 분실하거나 탈취당했다면 우리 정부의 비밀 전문체계가 외부에 고스란히 노출됐을 수도 있다. 그랬다면 우리는 전 재외공관의 외신장비들을 새로 개발하여 교체할 수밖에 없는 대재앙이 시작되었을 것이다. 특히 나의 외교관 인생은 아마도 25년 전, 그때 끝났을지도 모른다.

남북 총영사관 노래자랑
나호트카 남북 동포 구정잔치

1992~1994년 나는 주블라디보스토크 대한민국총영사관에 근무했다. 당시 이곳은 북한과 가장 가까운 거리에 위치한 최인접 공관이었다.

게다가 당시 북한 대표가 '서울을 불바다로 만들겠다' 라는 발언을 할 정도로 남북관계가 매우 경색된 상태였기 때문에 우리 직원들은 항상 긴장된 상태에서 일했다.

내가 본부로 귀임한 2년여 뒤 1996년 10월 1일 최덕근 영사가 피살되는 사건도 있었다. 그제야 블라디보스토크가 매우 위험한 근무지라는 사실이 알려졌지만 북한의 뒷마당이라고 일컬어지던 그곳에서 일하고 살아야 했던 우리들은 일촉즉발의 최전방에 있다는 것을 늘 인식하고 있었다.

블라디보스토크는 근무지로서는 위험했던 반면, 우리에게 중요한 북한 관련 정보가 넘쳐나고 있는 곳이기도 했다. 이러한 소중한 정보들은 러시아어를 할 수 있는 데다 비자와 사건 사고를 담당하여 러시아인들에게 제법 이름이 알려져 있던 나에게 집중적으로 흘러들어왔다. 따라서 나는 본의 아니게 '특종'을 여러 번 하기도 했다.

이런 긴장된 상황 속에서도 같은 민족인 북한 사람들과의 사이에 재미있는 일이 벌어지기도 했다.

당시 연해주에 있던 우리 교민은 만 명 정도 되었다. 이들은 대부분 북한지역 출신이었다. 주로 남한에서 와서 살던 수십만 명의 동포들은 1930년대 중반 스탈린의 정책에 의해 중앙아시아 지역으로 강제이주 당했기 때문이다.

북한의 러시아 총영사관은 블라디보스토크에서 자동차로 3시간쯤 걸리는 북쪽에 위치한 나호트카라는 항구도시에 있었다. 러시아는 북한에 군사도시인 블라디보스토크가 1992년 1월 1일부터 개방이 된다는 정보를 미리 알려 주지 않았던 것 같다.

아마 북한의 격렬한 반대에도 불구하고 러시아가 한국과 수교하였던 것에 대해 북한이 노골적으로 불쾌감을 표시함에 따라 양국 사이가 좋지 않아서 그랬던 것 같다. 경제적으로 매우 어려웠던 북한이 조만간 군사도시인 블라디보스토크가 외부에 개방된다는 것을 알았더라면 조금 기다렸다가 나호트카보다는 전략적으로 훨씬 중요한 블라디보스토크에 총영사관을 지었을 것이다.

어쨌든 연해주에 거주하고 있던 교민들은 매년 북한총영사관이 있는 나호트카에서 구정잔치를 성대하게 열곤 했다. 그들은 1993년 2월부터는 우리 총영사관 직원들도 초청했는데 그러다 보니 자연스럽게 남북한 총영사관 직원들이 같이 저녁을 먹고 교민들과 함께 노래 대결을 하기도 했다.

북한은 블라디보스토크가 포함된 러시아 연해주 지역을 자신들의 뒷마당이라고 여겼던지 상당히 중요시하여 나호트카 총영사관에 외교부 차관급의 고위직 인사를 총영사로 보냈다. 교민에 대한 홍보활동을 강화하기 위해 예술단도 파견했다. 그중에는 북한 예술인 중 서열이 가장 높은 인민가수도 포함되어 있었다.

1994년 2월에 구정잔치가 열린 나호트카의 회관은 여러 개의 창문이 깨져 있어 당시 영하 25도의 추위가 안에서도 그대로 느껴졌다. 살을 에는 러시아의 맹추위에 견디지 못해 술을 거의 못 하는 나와 우리 총영사관 직원들도 40도나 되는 보트카를 쉴 새 없이 마셨다.

그해 구정잔치에는 중국 연변에서 우리 동포들로 구성된 미녀 가무단도 와서 연주하면서 실내의 분위기는 점점 고조되어 갔다. 이에 사회자는 남북한 영사들이 서로 번갈아가면서 나와 노래하게 했다.

드디어 내가 부를 차례가 되었다. 나는 이렇게 춥고 제대로 먹지도 못하는 상황에서 독립운동을 했던 항일투사들이 생각나서 〈선구자〉를 불렀다. 독한 러시아 술도 많이 마신 데다 독립 운동가들이 말을 달리던 곳에서 〈선구자〉를 부른다는 것이 엄청 감격스러웠다. 내가 생각해도 격정적으로 불렀고 많은 박수를 받았다.

그런데 재미있었던 점은 다음 순서로 북한 총영사관에서 인민가수를 투입한 것이었다. 북한 측이 내 노래 실력을 인정해준 것 같아서 은근히 고마웠다.

〈도라지타령〉을 부른 여성 인민가수는 아주 아름다운 음색을 가지고 있었다. 하지만 성량이 크지 않아 소란스러운 회관 소음에 묻혀버리는 바람에 관객들의 호응을 많이 받지 못했다.

잔치가 끝난 뒤 할머니 한 분이 다가오시더니 "노래 참 듣기 좋았다"라고 하셔서 나는 마치 남북노래자랑대회에서 이긴 것 같아 약간 우쭐해졌다.

민족적 정서가 비슷한 러시아
구소련 공산 치하의 억눌린 삶

모스크바 시내에 위치한 우리 대사관에서 얼마 떨어지지 않은 곳에 노보데비치 수도원이 있다. 2010년 8월 주러한국대사관에 부임했던 나는 이 유명한 사원에 종종 갔다.

안톤 체호프Anton Chekhov, 니콜라이 고골Nikolai Gogol, 드미트리 쇼스타코비치Dmitrii Shostakovich, 니키타 흐루쇼프Nikita Khrushchyov, 보리스 옐친Boris Yeltsin 및 레프 란다우Lev Landau(1962년 노벨물리학상 수상) 등 러시아의 저명인사들이 안장되어 있는 이곳에 가면 나도 모르게 숙연해짐을 느꼈다.

그러던 어느 날 러시아 친구로부터 '노보데비치'라는 명칭의 기원에 대해 듣게 되었다. 러시아가 1237년부터 1480년까지 240여 년간 몽골의 지배를 받으면서 바쳐야 했던 공녀貢女들의 새 집결지라는 의미에서 유래했다는 것이다. 즉 '노보'는 러시아어로 '새로운'이라는 뜻의 노비(Новый)와 '처녀의'라는 뜻의 데비치(Девичий)가 합쳐진 말로 오래된 공녀 집결지를 새로운 곳으로 옮기며 붙인 이름이라고 했다.

그 말을 듣고 나서야 오랫동안 이상하게 생각했던 의문들이 조금씩 풀리는 것 같았다.

회사를 다니다가 외대 러시아어과로 편입하여 러시아어를 배우기 시작했을 그 즈음 러시아어과 졸업생에게 환영받는 직장 중 하나가 러시아 약품을 수입하는 회사였다. 러시아에서 개발된 약이 이상하게도 한국 사람들 몸에 잘 맞는다고 했는데 왜 그럴까 궁금했다.

노보데비치 수도원의 사연을 듣고 보니 몽골의 지배를 오랫동안 받아 왔던 러시아인이 우리 민족과 체질이 비슷해져서 러시아 약이 한국 사람에게도 잘 듣나 하는 생각이 들었다.

더불어 러시아인들에게 외국인 기피증이 왜 생겼는지도 짐작이 갔다. 처음 보는 외국인에게 상당히 무뚝뚝하게 대하면서도 러시아어를 하는 외국인에게는 다정다감한 그들의 성향이 이해가 되기 시작했다.

또 〈백학(Журабли)〉과 같은 러시아 노래가 우리 국민들 사이에서 많은 인기를 누리게 된 것이 민족적인 정서가 비슷하기 때문이라는 생각도 하게 되었다.

이 수도원 근처에는 조그만 호수가 있는 아름다운 공원이 있었다. 내가 수도원을 갔다가 나오면서 들르는 곳이기도 했는데 이 호수에서

헤엄치는 백조를 보고 차이콥스키Pyotr Il'yich Tchaikovsky가 〈백조의 호수〉
를 작곡했다는 얘기도 듣게 되었다.

발레 작품 중 전 세계에서 가장 많이 무대에 오른다는 〈백조의 호수〉
의 탄생지라는 것을 듣고 보니 무심히 봤던 그 호수가 달리 보이기도
했다. 아무리 봐도 그저 평범한 호수에서 차이콥스키는 어떻게 그 아름
다운 선율을 끌어낼 수 있었는지 감탄스러울 뿐이다.

공원 옆길에는 음식점들이 많이 있는데 가장 기억에 남는 곳은 〈백
만 송이 장미〉 속 실제 주인공이 그렸다는 그림의 사본이 전시되어 있
는 조지아 식당이었다.

〈백만 송이 장미〉라는 노래는 1981년 라트비아방송국에서 주최한
가요콘테스트에서 우승한 곡에 러시아의 시인 안드레이 보즈네센스키
Andrei Voznesensky가 가사를 붙인 것이다. 조지아 출신의 화가 니코 피로
스마니Niko Pirosmani가 여배우를 사랑했던 실화를 담고 있다.

러시아의 국민가수 알라 푸가초바Alla Pugacheva가 불러 선풍적인 인
기를 끌었던 이 노래의 가사는 다음과 같다.

한 화가가 살고 있었네

그에겐 집과 캔버스가 전부였다네

화가는 꽃을 사랑하는 어느 여배우를 사랑했다네

그래서 그는 자신의 집과 그림들을 팔았고

그 돈으로 바다만큼의 꽃을 샀다네

아침에 일어나 창가에 서면

그대는 아마 정신이 혼미해지겠지

꿈의 연속인 듯 광장은 꽃으로 가득 찼다네

어떤 부자가 이토록 놀라게 하는지?

그러나 창문 아래엔 가난한 화가가 숨죽이며 서 있다네

너무나 짧은 만남이었고

그녀를 태운 기차는 밤을 향해 떠나버렸네

하지만 그녀의 삶엔

열정적인 장미의 노래가 있었다네

화가는 외로운 삶을 살았고, 수많은 어려움을 견뎌냈다네

그리고 그의 삶에는 꽃으로 가득 찬 광장이 있었다네

백만 송이, 백만 송이, 백만 송이 붉은 장미를

창가에서 창가에서 창가에서 그대가 보고 있는지

사랑에 빠진, 사랑에 빠진, 진정으로 사랑에 빠진 한 사람이

그대를 위하여 자신의 삶을 꽃과 바꾸어 버렸다네

그런데 나는 뜻하지 않은 계기로 유명한 알라 푸가초바와 조그만 인연을 가지게 되었다. 아마도 1992년 가을 경이었던 것으로 기억된다.

P 총영사와 나는 우리 민족의 한이 서려있는 사할린을 공식적으로 방문하여 사할린 주지사와 면담하고 우리 교민들도 만나게 되어 있었

다. 하지만 막상 사할린에 도착해 보니 주지사는 '몹시 바쁜 일'이 생겨서 부지사와 만날 수밖에 없었다. 얼마 뒤 우리는 주지사가 그날 저녁에 알라 푸가초바의 공연을 보러 갔다는 것을 알게 되어 슬그머니 기분이 나빠졌다.

며칠 뒤 우리는 사할린을 떠나기 위해 블라디보스토크행 비행기에 탑승했는데 문이 닫히고 난 뒤 1시간이 지나도록 이륙하지 않았다. 승무원에게 그 이유를 물어보았더니 알라 푸가초바의 공연 장비를 아직 다 싣지 못해서 그렇다는 답변을 들었다. 그러잖아도 사할린에서부터 기분이 좋지 않았는데 이건 너무하다는 생각이 들었다.

당시 그 비행기는 1등석과 일반석으로 나뉘어 있었는데 총영사와 나는 일반석 앞에 타고 있었고, 알라 푸가초바 일행은 1등석에 타고 있었을 것이다. 1등석과 일반석 사이에는 승무원들이 음식을 준비하는 공간이 있었는데 이곳에서 나는 사무장에게 화를 내면서 큰 소리로 항의했다.

"도대체 알라 푸가초바가 누군데 이 많은 사람들이 이렇게 활주로에서 하염없이 기다려야 합니까? 이 비행기에 타고 있는 러시아 승객이나 대한민국의 총영사님도 매우 바쁘신 분들입니다. 이미 1시간 이상 이륙이 지연되었으면 최소한 미안하다는 방송은 해야 하지 않습니까?"

내 얘기가 끝나자마자 커튼이 내려져 있던 일반석에서 내 항의에 동의한다는 듯 큰 박수소리가 들려오기 시작했다. 사무장은 미안하다는 말만 되풀이했다.

나는 러시아인들이 소련이라는 무서운 공산독재 치하에서 오랜 기간 함부로 불만을 얘기하지 못하고 살았을 뿐 그들도 생각하고 느끼는 것은 우리와 같구나 하는 생각이 들었다. 그로부터 얼마 후 비행기는 이륙했는데 블라디보스토크 공항에 도착해 보니 활주로에 많은 사람들과 대형 리무진 3대가 알라 푸가초바 일행을 기다리고 있었다. 알라 푸가초바의 인기를 실감할 수 있었다.

사실 그때 비행기 안에서 화를 냈을 때만 해도 나는 알라 푸가초바가 누군지 잘 몰랐다. 시간이 지나면서 그녀가 러시아 역사상 최고의 인기 가수이자 유명한 국민가수라는 것을 알게 되었다.

당시 1등석에 타고 있었던 것이 분명한 알라 푸가초바도 분명히 내가 화내면서 항의하던 소리를 들었을 것이다. 어쩌면 나는 그 유명한 알라 푸가초바 앞에서 큰소리친 유일한 사람이었을지도 모른다는 생각을 해본다.

저승 문턱에서 구한 북한 동포
다사다난했던 러시아 외교현장

1994년 8월 어느 날 저녁 무렵, 나는 유달리 가벼운 마음으로 비자업무를 마감하고 있었다. 그날은 주블라디보스토크 한국총영사관에서 2년간의 영사 근무를 마치고 서울로 돌아가는 나를 위해 총영사 관저에서 부부 동반 환송회가 있는 날이었다.

당시 본부에서도 최험지로 인정될 만큼 쉽지 않은 지역에 창설요원으로 와서 이런저런 어려움을 겪었지만 이제는 떠난다고 생각하니 여러 가지 추억들이 주마등처럼 떠올랐다. 그야말로 블라디보스토크 시절은 다사다난多事多難했구나 하는 생각이 들었다.

1992년 8월말 처음으로 부임하여 임시 총영사관 겸 숙소로 거처하고 있던 블라디보스토크 호텔에서 큰 불이 났을 때 몹시 당황했던 일부터 생각났다. 하필이면 화재가 우리 행정원이 전기냄비를 끄지 않고 외출하는 바람에 발생했다는 러시아 소방서의 보고서가 나왔다. 러시아어를 한다는 죄로 내가 수습을 하느라 진땀을 흘렸던 일이 먼저 떠올랐다. 그 다음으로는 하바롭스크에서 한국인이 살해되었다는 소식을 듣고 40인승 러시아 경비행기를 타고 갈 때가 생각났다. 처음으로 타본 야크40이라는 비행기는 이륙한 지 얼마 되지 않아 갑자기 수직으로 푹 떨어지기 시작했다. 하필 같은 기종의 비행기가 얼마 전 베트남에서 추락했다는 소식을 들었던 터였다. 뿐만 아니라 러시아가 경제적인 어려움으로 비행기를 잘 정비하지 못한다는 이야기도 돌고 있었다.

나는 이제 비행기 추락사고로 죽는구나 하고 눈을 질끈 감았다. 그런데 이상하게도 러시아 승객들은 아무 일 없다는 듯이 조용했다. 나중에 알고 보니 기류가 불안정할 때 소형 비행기는 수백 미터 밑으로 떨어지는 에어 포켓Air Pocket 현상이 있음을 몰랐던 것이다.

여러 가지 힘들었고 또 즐거웠던 상념들이 계속 떠오르면서 몇 달 전 벌어졌던 재미있는 일이 생각나서 나도 모르게 웃음이 나왔다.

1994년도에는 북한의 핵문제로 인하여 한반도 정세가 매우 긴박하게 돌아가고 있었다. 그런 와중에 우리는 블라디보스토크 공항에서 미국과 러시아 외교장관회의가 개최된다는 정보를 입수했다.

양측은 비공개회의이므로 외교단의 출입은 허가하지 않는다는 통보를 총영사관으로 해왔다. 회의장에 가봐야 어차피 들어가지 못할 것이므로 갈 필요가 없었다. 하지만 북한의 핵문제를 비롯 우리나라에 중요한 안건들이 논의될지도 모른다는 생각에 일단 블라디보스토크 공항으로 갔다. 도착했을 때는 이미 어두워지기 시작했을 무렵이었다. 예상대로 나는 회의장 안으로 들어가지 못하고 밖에서 기다려야만 했다.

약 30분 정도 지났을 무렵 한 남자가 건물 밖으로 나와 담배를 피우기 시작했다. 미국 대표단 일원으로 생각되었지만 내가 먼저 건넨 러시아어 인사에 같이 원어민 수준으로 대답하기에 러시아 출신의 미국인인가 하고 짐작했다. 나는 러시아어로 금번 회의가 개최된 배경, 주요 안건 등에 관해 묻기 시작했다. 그런데 그렇게 유창한 러시아어를 구사하던 그의 대답 속도가 점점 느려지기 시작하더니 급기야 그의 얼굴이 일그러지기 시작했다. 아무리 생각해도 적절한 단어가 떠오르지 않아 괴로워하는 모습이었다. 나도 그런 경험이 적잖았기에 안타까운 생각이 들었다. 그래서 다시 영어로 조심스럽게 물었다.

"그럼 영어는 할 수 있습니까?"

그는 쑥스러운 미소를 지었다.

"네 조금 합니다."

그는 유창한 영어로 회의상 안에서 진행되고 있던 미·러 외교장관회의의 개최 배경과 주요 안건 등에 관해 상세하게 설명해주었다.

나는 놀라서 입을 다물 수가 없었다. 러시아 사람(?)이 어떻게 이렇게 영어를 원어민처럼 잘할 수 있는지, 또 이런 중요한 회의에 대해 모든 것을 다 아는 것처럼 얘기할 수 있는지 도저히 이해가 되지 않았다.

30분 정도 빠르게 설명하던 그는 이제 회의장에 들어가 봐야겠다고 했다. 나는 그 사람의 정체가 궁금하여 명함이라도 줄 수 있는지 물었다. 그는 웃으면서 나에게 명함을 주고 회의장으로 들어갔다.

나는 불빛이 있는 밝은 곳으로 가서 명함을 자세히 들여다보았다. 거기에는 '미국 국무부 대변인 마이클 맥커리Michael McCurry'라고 적혀 있었다. 처음부터 그를 러시아인으로 생각했던 나는 깜짝 놀랐다. 가장 영어를 잘하는 미국인 중 한 사람인 미 국무부 대변인에게 "그럼 영어는 할 줄 아느냐?"라고 물었던 게 아닌가. 맥커리 대변인이 쑥스런 표정을 지으며 "조금 할 줄 안다."고 대답했던 것도 두고두고 웃음이 나게 했다.(그는 6개월 뒤 1994년 12월에 백악관 대변인으로 승진했다. 이후 그는 미국 기자들에 의해 최고의 백악관 대변인으로 선정되었다.)

러시아 경찰에 잡힌 북한 벌목공

이런저런 생각을 하다 보니 어느새 저녁 6시 반이 되었다. 차로 한 시간 정도 걸리는 총영사 관저로 떠나기 위해 자리에서 일어서는 순간 요란하게 전화 벨이 울리기 시작했다. 잠시 망설였다. 전화가 길어져 오늘 행사의 주빈인 내가 늦으면 큰 실례가 될 수도 있다는 생각에 그냥 나가려다 혹시 중요한 민원 전화일지도 모른다는 생각에 수화기를 들었다. 전화를 한 사람은 뜻밖에도 총영사였다.

지금 우리나라 사람 두 명이 경찰지구대에 잡혀갔다고 연락 받았으니 C 영사와 함께 빨리 가보라고 했다. '이제 환송회는 물 건너갔구나.'

낙담하면서 C 영사와 함께 부둣가에 있는 지구대로 갔다.

지구대에는 두 명의 경찰관이 근무하고 있었다. 그들은 불심 검문에서 그들이 신분증을 소지하고 있지 않아 체포했다고 설명했다. 순간적으로 나는 북한 벌목공들일 거라는 생각이 들었다.

북한 벌목공들은 블라디보스토크에서 북쪽으로 약 700km 떨어진 하바롭스크시 근처 벌목장에서 일하고 있었다. 14,000명 정도 되는 이들을 관리하기 위해 북한의 임업대표부가 하바롭스크시에 상주하고 있었다. 그들은 자신의 여권을 임업대표부에 맡겨야 했기 때문에 신분증이 있을 리가 없었다. 도망가다 러시아 경찰의 검문을 받아 신분증이 없다는 사실이 밝혀지면 러시아 경찰은 내부 규정에 따라 이들을 원소속국인 북한 측에 인계해야만 했다.

나는 창백한 얼굴로 고개를 푹 숙이고 있던 두 명의 벌목공들을 보니 측은한 마음이 생겼다. 이들이 북한으로 송환되면 살아나기 힘들 것이라는 생각이 들었다. 그럼에도 내가 이들을 위해 해줄 수 있는 일이 아무것도 없다는 서글픈 무력감이 교차했다.

그런데도 나는 마치 아무 일 없다는 듯 서류만 보고 있던 경찰관들의 태도에 화가 났다. 나는 갑자기 큰 소리로 열변을 토하기 시작했다.

"나는 경제적 어려움을 겪고 있는 러시아 국민들에게 최대한의 편의를 제공하기 위해 아침에 신청한 한국 비자를 당일 저녁에 발급해 줄 수 있도록 정신없이 일했다. 나는 러시아를 좋아해서 다니던 회사를 그만두고 러시아어를 공부했고 내 처는 외국인으로서는 처음으로 블라디보스토크에서 아기를 출산했다. 오늘은 2년간 블라디보스토크에서 영사로 근무하고 서울로 돌아가는 나와 우리 가족을 위해 환송회가 열리는 날이다. 그런데 여러분이 단순히 신분증을 집에다 두고 나온 죄 없는 사람을 잡아놓고 있는 바람에 환송회 시작 시간이 지났는데도 떠나지 못하고 있다. 이것이 러시아 국민을 위해 지난 2년간 정말 열심히 일했다고 자부하면서 러시아에 대한 아름다운 추억을 가슴에 안고 떠나는 나에 대한 러시아인들의 선물인가?"

순간 정적이 흘렀다. 모두 놀란 것 같았다. 겉으로는 별로 감정이 없는 것 같으면서도 내면적으로는 상당히 감정적인 러시아 사람들에게 먹혀들어간 듯했다. 즉흥적으로 울분을 토하고 나니 속이 시원해지는 것 같았다.

한동안 멍하게 나를 쳐다보고 있던 러시아 경찰관은 잡혀 있던 벌목공들에게 이번에는 특별히 풀어주겠지만 신분증 미소지로 또다시 체포되면 절대로 봐주지 않겠다면서 가보라고 했다.

총영사 관저로 가는 차 안에서 나는 조금씩 흥분이 가라앉고 냉정을 되찾기 시작했다. 그리고 방금 전 일어난 사건이 의미하는 바를 보다 분명하게 깨닫게 되었다. 나는 블라디보스토크에서 영사로서 지난 2년 동안 했던 모든 일을 합친 것보다 더 중요한 일을 오늘 저녁 10분 동안에 해치웠던 것이다. 그것은 저승 문턱까지 가있던 두 사람을 구하여 이승으로 다시 데려온 것이었다.

러시아에 잠든 항일투사
다시 보는 러시아

2010년 주러한국대사관에 근무하게 된 나는 남다른 감회를 느꼈다. 늦깎이로 어렵게 러시아어를 공부해 외교부에 들어와 러시아어 연수까지 다녀왔지만, 외교관 커리어의 막바지에 와서야 러시아 중심부 모스크바에 있는 우리 대사관에서 근무하게 되었기 때문이다.

좋은 점도 있었다. 나는 대사관의 핵심 요직이라고 할 수 있는 정무공사참사관으로 발령받았기에 중요한 일을 할 수 있었다. 또 외교아카데미에서 연수한 덕분에 러시아 외교부 국장이나 부국장 자리에 가 있던 동문들의 도움도 받을 수 있었다. 어느 사회에서나 학연은 중요하다는 것을 새삼 느낄 수 있었다.

대사 주재로 열린 첫 번째 직원회의 때 나는 회의장 벽에 붙어 있던 역대 대사들의 사진을 흥미롭게 바라보고 있었다. 그런데 맨 앞에 걸린 사진은 옛날 귀족 복장이라 회의가 끝난 뒤 자세히 살펴보니 이범진 공사였다. 구 대한제국 말기에는 러시아에 공사관이 설치되어 있었기에 초대 러시아 대사로서의 예우를 해준 것 같았다.

100여 년 전 1907년 이범진 공사께서 나라를 잃은 절망적인 상황에서도 아들 이위종 지사와 함께 헤이그특사사건을 주도하는 등 독립을 위해 목숨을 바친 그 현장이다. 그간 책에서만 보고 들었던 그곳에 내가 와 있다고 생각하니 나도 모르게 엄숙해졌다.

이미 대사관의 노력으로 2002년 이범진 공사 추모비가 세워졌고, 당시 공사가 근무했던 공사관이 있던 건물을 찾아내어 기념현판을 부착하는 행사도 진행했다. 또한 이범진 공사와 아들 이위종 지사의 혈육을 찾아내는 성과도 거두었다.(이위종 지사의 손녀 루드밀라 예피모바와 증손녀 율리야 피스쿠로바는 2015년 광복 70주년을 맞아 특별귀화하여 한국 국적을 취득했다.)

2011년 1월 26일은 이범진 공사께서 1911년 1월 26일 당시 러시아의 수도였던 상트페테르부르크에서 순국하신 지 100주년이 되는 해였다. 이범진 공사 순국 100주년 추모식은 상트페테르부르크에 있는 우리 총영사관에서 주관하여 현지 공관원, 교민, 러시아 외교부 대표 등이 참석한 가운데 거행키로 했다. 나는 대사관 차원에서 무엇을 할까 곰곰이 생각해 보았다.

1905년 을사늑약 이후 이범진 공사가 본국으로부터 재정적인 지원을 일절 받지 못하고 있을 때 러시아 정부가 물심양면으로 도와주었던 점에 대해 러시아 국민에게 감사하는 대사 명의의 언론 기고문을 작성하는 것이 좋겠다고 생각했다. 대사께 보고 드리고 승인을 받았다.

기고문은 간략했다. 우선 이범진 공사의 순국 100주년을 맞아 이 공사와 아들 이위종 지사의 항일독립투쟁에 러시아 국민들이 물심양면 도와 준 것에 대하여 한국 정부를 대표하여 감사를 표했다. 동시에 1904년 제물포해전 시 부상당했던 바랴크호 승무원들을 한국인이 돌보아 주었던 점을 상기시켰다. 이로써 한국과 러시아는 어려울 때 서로 도와주었던 오랜 친구였음을 강조했고 '술과 친구는 오래될수록 좋다.'라는 속담으로 끝을 맺었다.

나는 대사관 내 공보담당으로부터 러시아 언론은 대국大國 기질이 있어 각국 대사관의 기고문을 잘 게재하지 않는다고 들었다. 설령 한 신문이 실어 주더라도 다른 신문에서는 절대로 싣지 않는다는 얘기도 있었다.

나는 우리 기고문을 어느 정도로 다루어 줄지가 몹시 궁금했다. 그런데 다음 날 러시아의 국영통신사인 〈이타르타스ITAR-Tass〉 통신과 주요 신문 세 군데에서 동시에 기고문을 게재해 주는 이변(?)이 생겨 우리를 기쁘게 했다.

그로부터 얼마 후 나는 모스크바 외교아카데미의 동문으로 친하게 지내던 러시아 외교부의 D 부국장과 식사를 하던 중 뜻밖의 이야기를 듣게 되었다.

1894년 일본은 대한제국의 명성황후 시해사건을 일으켰다. 이 일로 고종황제는 '황후를 죽인 일본인들이 언제 자신을 죽일지 모른다' 하며 두려움에 떨었다. 당시 주한러시아공사관은 베베르Wäber였다. 고종 황제를 도와주고 싶었던 베베르 공사는 러시아 외교부에 허가를 요청하면 보나마나 거부당할 것으로 판단했다. 1896년 그는 본국 정부의 허가도 받지 않고 독단적으로 고종황제를 러시아공사관으로 피신시킨 아관파천俄館播遷을 주도했다고 한다. D 부국장은 베베르 공사의 이같은 행동을 두고 지금 생각해 봐도 참 배짱이 좋다고 하면서 감탄했다.

나는 D 부국장의 설명을 듣고 깜짝 놀랐다. 그가 설명한 베베르 공사는 학창시절 교과서에 묘사된 전형적으로 교활한 베베르와는 상당한 차이가 있었고 아관파천의 의미 또한 많이 달라 보였던 것이다.

당시 정국의 주도권을 잡으면서 우리나라의 각종 이권을 탈취해 가기 위해 베베르라는 영민한 외교관이 저지른 사건으로 저장되어 있는 우리의 평가와는 전혀 다른 내용이었다.

러시아를 제대로 보는 시각

나도 외교관이지만 주재국에서 중요한 사건이 있을 때에는 당연히 본부에 보고하고 승인을 받아야 하며 이런 절차를 거치지 않고 독단적으로 한다는 것은 자신의 공직을 걸고 하는 모험일 수밖에 없다. 입장 바꿔 생각해 보면 아관파천으로 러시아가 얻는 것이 많다고 해도 그것은 본부에서 판단할 문제이다. 설령 그렇게 하여 많은 이권을 챙겼다해도 자신이 중징계를 받는다면 무슨 소용이 있겠는가?

이런 시각에서 보면 고종황제에게 있어 베베르 공사는 자신에게 닥칠 위험을 감수하면서까지 목숨을 구해주고자 했던 은인이나 다름없다. 그런데 우리는 왜 베베르 공사에 대해 상당히 부정적인 인상을 가지게 되었는지 의문이 생겼다.

곰곰 생각해 보니 우리가 일제 식민지 36년 동안 일본인들과 친일 학자들에 의해 우리도 모르는 사이 교묘하게 세뇌당한 것이 아니었나 하는 생각도 들었다.

1880년 일본에 주재한 청나라 외교관 황준헌黃遵憲이 저술한《조선책략朝鮮策略》이 갑자기 떠올랐다.

"오늘날 조선의 책략은 러시아를 막는 일보다 더 급한 것이 없을 것이다. 러시아를 막는 책략은 무엇과 같은가? 중국과 친하고(親中國) 일본과 맺고(結日本), 미국과 연결(聯美國)함으로써 자강을 도모할 따름이다."

황준헌은 당시 조선을 걱정하여 그 책을 썼을 수도 있다. 왜냐하면 러시아에게 1860년 북경소약으로 연해주를 빼앗겼던 청나라 입장에서는 러시아가 조선도 침략할 것이라고 우려했다면 그것은 이상한 일은 아닐 것이다.

그러나 이미 널리 알려진 바와 같이 러시아가 오랫동안 집요하게 추구해 왔던 전략은 얼지 않는 항구, 즉 부동항不凍港을 확보하는 것이었다. 그들은 이미 연해주의 블라디보스토크를 얻었기 때문에 구태여 조선의 항구까지 무리하게 넘볼 필요가 있었겠는가 하는 의문이 생긴다.

《조선책략》은 조선을 걱정하는 청국의 외교관이 걱정하는 마음에서 선의로 쓴 책으로 볼 수도 있겠다. 그러나 저자의 의도와는 무관하게 우리 민족에게 대략 세 가지 점에서 상당히 큰 부정적인 영향을 미쳤다고 생각한다.

첫째, 1880~1890년대에 조선 조정으로 하여금 러시아를 극도로 경계하도록 함으로써 실질적으로 가장 위험했던 일본에 대하여 방심하게 만들었다.

둘째, 일본인과 친일학자들에 의하여 일제의 식민통치를 정당화하는 도구로 쓰인 측면이 있다. 즉 진짜 나쁜 국가는 러시아이기 때문에 조선이 러시아가 아닌 일본의 식민지가 된 것을 그나마 다행으로 생각하라는 것을 우리의 무의식 깊은 곳에 심어 놓지 않았나 판단된다.

셋째, 공연히 《조선책략》으로 인해 이범진 공사와 이위종 지사와 같은 항일투사들을 끝까지 도와준 러시아의 역할에 대하여 우리 국민들이 과소평가하게 한 점은 없었을까 생각해본다.

정년퇴임할 시간이 되어 정들었던 외교부를 떠나야 할 날이 다가오자 외교관으로 정신없이 뛰어 다녔던 지난 추억들이 새록새록 떠올랐다. 여러 기억 중에서도 블라디보스토크에서 근무하던 때가 가장 생생했다. 아무래도 그때가 유달리 고생이 많았기 때문인지도 모르겠다.

특히 1992년 말 발생했던 사건은 아직도 어제 일처럼 내 기억에 선명하게 남아 있다. 당시에는 서울과 블라디보스토크 간 직항로가 없어서 서울에 한 번 가기가 몹시 힘들었다.

그런데 어느 날 부산으로 가는 관광선을 운영하는 여사장이 반가운 소식을 귀띔해 주었다. 자신이 전세기를 빌렸으니 다음 달에 서울로 갈 수 있다는 것이었다. 그 여사장은 빨리 항공권을 구매하라고 했다.

단번에 서울에 갈 수 있다는 소식은 듣던 중 반가운 소리라 총영사관 직원들은 물론 코트라와 상사직원, 교민 등 블라디보스토크에 거주하는 거의 모든 한국 사람들이 최초의 서울 직항 비행기 티켓을 샀던 것으로 기억한다.

그런데 10여 일 뒤 그 여사장이 울상이 되어 총영사관에 오더니 하소연하기 시작했다. 하바롭스크에서 서울로 전세기를 운영하던 마피아의 압력으로 자신이 계획한 블라디보스토크-서울 간 전세기 운영이 취소되었다는 것이다. 쉽게 서울에 갈 수 있다는 생각에 들떠 있던 나도 속이 상했지만, 서울의 한 호텔에 미리 지불한 만 불을 꼼짝없이 날리게 되었다고 울먹이는 그녀를 위로할 수밖에 없었다.

일주일 뒤, 다시 그 여사장을 만난 나는 서울행 직항기와 관련한 엄청난 소식을 듣게 되었다. 그녀는 자신이 빌리려다 마피아의 압력으로 취소해야 했던 비행기가 며칠 전 바이칼 호수 근처에 추락하여 승객 전원이 사망했다는 것이었다.

말 그대로 가슴이 철렁했다. 만약 그 여사장이 계획대로 전세기 운행을 시작했더라면 그 비행기에 나와 가족, 친구들이 탔을 수도 있지 않았을까. 생각만 해도 아찔했다. 주님의 손길을 느꼈던 순간이었다.

나는 그 일 이후 매사에 감사하며 살 수 있게 되었다. 초등학교 3학년 때 종교도 없으면서 '다윗과 골리앗'이라는 성서 이야기를 가지고 독후감을 써 상을 받았던 나는 우쭐한 마음에 골리앗이라 여기는 것들이 눈앞에 보이면 거침없이 짱돌을 던지곤 했다. 그 짱돌이 빗나가 낭

패를 볼 때도 있었지만 '교섭기술'이라는 신무기와 주변 사람들의 도움 덕분에 여러 위기를 넘길 수가 있었다.

그 모든 것은 내가 살아있었기에 가능한 일이었다. 만약 블라디보스토크-서울 간 전세기가 예정대로 취항을 했더라면, 그래서 입에 올리기도 끔찍한 사고가 온전히 나의 일이 되었다면 그 모든 것이 무슨 소용이 있었겠나 싶다.

아마 그 전세기 사건 말고도 내 주변에 도사리다 사라진 위험은 한둘이 아닐 것이다. 보이지 않는 든든한 힘이 나를 보호하셨음을 믿는다. 그 덕분에 나는 다윗의 짱돌을 마음껏 휘두르고 기대하지 못했던 도움도 받아가며 내 앞에 버티고 섰던 골리앗들을 물리칠 수 있었다고 생각한다.

2018년 12월 나는 성가곡 음반을 발매했다. 〈오! 홀리 나이트Oh Holy Night(거룩한 밤)〉이라는 제목으로 내가 좋아하는 가톨릭 성가와 찬송가 18곡을 수록했다. 부제는 '어느 외교관의 감사기도'이다.

이 또한 성악을 전공한 사람이 아닌 나로서는 보이지 않는 그 누군가가 도와주지 않았다면 불가능한 일이었음을 잘 알고 있다. 매사에 매 순간에 감사할 뿐이다.

2019년 6월 녹음이 짙어 한여름을 불러오는 날, 나는 31년 동안의 정들었던 외교관 생활을 마치고 정년퇴임했다.

운을 부르는 외교관

©이원우, 2019

초판 1쇄 발행 2019년 11월 21일
초판 2쇄 발행 2020년 02월 19일

지은이 이원우
펴낸이 이경희

발행 글로세움
출판등록 제318-2003-00064호(2003.7.2)

주소 서울시 구로구 경인로 445(고척동)
전화 02-323-3694
팩스 070-8620-0740
메일 editor@gloseum.com
홈페이지 www.gloseum.com

ISBN 979-11-86578-80-3 13340